박정희와 친일파의 유령들

박정희와 친일파의 유령들

2006년 2월 17일 초판 1쇄 발행
2011년 11월 18일 초판 2쇄 발행

펴낸곳 (주)도서출판 삼인

지은이 한상범
펴낸이 신길순
부사장 홍승권
편집 김종진 오주훈
미술제작 한충현
원고 정리 이민우
마케팅 이춘호 한광영
관리 심석택
총무 정상희

등록 1996.9.16. 제 10-1338호
주소 121-837 서울시 마포구 서교동 339-4 가나빌딩 4층
       (서울시 마포구 와우산로 27길 23)
전화 (02) 322-1845
팩스 (02) 322-1846
전자우편 saminbooks@naver.com
홈페이지 www.saminbooks.com
카페 http://cafe.naver.com/saminbooks

표지디자인 (주)끄레어소시에이츠
제판 문형사
인쇄 대정인쇄
제본 쌍용제책

ⓒ 한상범, 2006

ISBN 89-91097-36-7 03300

값 9,800원

박정희와
친일파의 유령들

한상범 지음

삼인

■ 여는 글

19세기 독일의 시인 하이네는 당시 프러시아 정부의 사상과 출판에 대한 탄압을 야유하는 시를 쓰며 다음과 같이 빈정거렸다.

경고

이런 책을 인쇄하다니!
소중한 친구여, 자네는 이제 끝장이다!
자네가 돈과 명예를 원한다면,
양순하게 머리를 숙여야 한다네.

나 같으면 자네에게 절대로 권유하지 않았겠네.
이런 식으로 민중에 대해 말하고,
이런 식으로 승려들과 그리고
힘센 자들에 대하여 말하라고는.

소중한 친구여, 자네는 이제 끝장이다!
영주들은 긴 팔을 가지고 있고
승려들은 긴 혀를 가지고 있으며
그리고 민중들은 긴 귀를 가지고 있다네!

니체는 피로 쓴 글만이 글다운 글이라고 했다.

이 시대에 글을 쓰고 말을 한다는 것이 아직까지 나에게는 외침이고 투쟁이다. 또한 마땅히 그럴 수밖에 없다고 생각한다.

그러나 약삭빠른 처신으로 세상의 탁류 속을 헤엄쳐 오는 이들은 학자가 정치적이면 안 된다, 학자가 흥분하면 안 된다, 학자나 교수 또는 이러저러한 자리를 차지한 사람이 막말은 하면 안 된다 따위의 별난 트집을 다 잡는다. 한마디로 말해 싫다는 것일 게다.

그러나 나는 주장한다.

이 세상에서 정치와 관계없는 구름 위의 '신선놀이'가 어디 있는가? 오히려 정치적으로 주장해서 도적 무리의 행실을 폭로하는 것이 당연히 해야 할 일이 아닌가?

학자가 흥분한다고? 불의에 대해 분개하고 정의를 주장하여 소리치는 것이 잘못이라면, 그런 사람은 누구를 위해 무엇을 하는 학자인가?

사살(射殺)이나 타살(打殺)이라는 한자 투의 말 대신에, 나는 한글운동자이기 때문에 "쏴 죽였다" 또는 "때려죽였다"고 말한다. 그런 나를 보고 점잖지 못하게 막말을 한다고 한다. 한글 쓰기조차 물어뜯는 심보를 알 만하다.

우리에게는 친일 부패 기득권 부류의 60년 지배의 굴레를 벗어 버리려는 싸움이 아직도 안 끝났다. 친일파들은 1945년 일제가 패망하자 미국

세력에 편승해서 친미파로 거듭나며 살아남았다.

이승만 무리를 권좌에서 쫓아낸 1960년 4·19혁명 후 친일 독재 잔당과 그 부정 축재 도적을 숙청하려던 시기에 다시 친일파가 반격해 민주화를 뒤집어엎었다. 만주 지역에서 못된 짓을 일삼던 박정희라는 친일파가 쿠데타를 일으킨 것이다.

1979년 박정희가 총 맞아 죽은 후에도 그 추종자가 다시 쿠데타로 정권을 잡았다. 이렇게 친일파 세상이 지속되자 지금은 친일파가 오히려 큰 소리치며 반격을 한다.

개혁이라고 하는 과거청산이 시대의 요청으로 등장한 오늘날까지도 그들은 개혁이나 민주화에 대해 친북, 용공, 좌경, 빨갱이란 매카시즘 공세를 가하고 있다. 아직도 매카시즘의 시대는 이어지고 있다.

의문사진상규명위원회에 몸 담았던 3년간(2002년 4월~2004년 12월)은 글을 쓰는 것도 자제해야 했다. 하는 일에 바빠 돌아가느라고 시간도 쫓겼다. 2005년, 짐을 벗은 후에는 계획한 저술에 손을 대려고 했으나, 눈앞에 닥친 일로 다시 싸울 수밖에 없었다. 그 과정에서 내가 고뇌하며 호소하고 주장한 말과 글을 모아 본 것이 이 자그마한 작품이다. 삼가 뜻을 함께하는 분들께 드린다.

부족한 점이나 미흡한 점도 있을 것이다. 지적해 주시고 함께 고민하면, 서로 힘을 보태게 될 것이라 기대한다. 계속 격려해 주시고 함께 가는 전우가 되어 주시는 영광을 누리게 해주십사 하는 말씀으로 머리글을 갈음한다.

2006년 2월

한상범

글 싣는 순서

여는 글   5

1부 한국의 친일파는 무엇으로 사는가?

1. 친일파들의 일제 한국 지배 축복론 — 한승조의 친일 망언에 대하여   13
2. 일본 극우를 대변하는 '신판 친일파'들   21
3. 한국 친일파의 정신 구조와 계보를 해부한다   31
4. 미·일의 한국정책 역사와 우리의 입장   39
5. 되풀이되는 역사, 되풀이되어선 안 되는 역사   46
6. 전쟁국가로 가는 일본, 놀아나는 한국 수구   53

2부 끝나지 않은 친일과 독재의 시대

1. 개혁이 필요한 서민이 개혁의 주체가 되자   61
2. 정보 공작, 청산해야 할 독재의 잔재   68
3. 일본 극우와 한국 친일파, 그들의 공생관계   77
4. 야스쿠니 참배가 왜 죄악인가?   84
5. 친일 군사독재의 정치 세뇌가 남긴 잔재   91
6. 무법천지 친일파 세상은 이랬다   97
7. 매카시스트의 생트집과 억지   103

3부 박정희 찬양을 멈추어라

1. 역사를 위조하는 반역자의 후손들   113
2. 개혁을 방해하는 전략과 전술들   121
3. 뿌리 뽑아야 할 고문의 악습   131
4. 매카시즘의 역사와 한국의 개혁   138
5. 박정희 찬양을 멈추어라!   147
6. 정의가 유린되지 않는 사법제도를   155
7. 전두환은 박정희의 정통 계승자   163

4부 싸움은 끝나지 않았다

1. 법의 세계와 민중의 세계 — 전쟁과 독재의 시련 속을 살아온 법학자의 소견과 전망   177
2. 일제 잔재가 독재 권력에 이어져 온 한국사회의 모순 구조 — 과거청산의 문제와 과제   187
3. 과거청산의 의의와 우리의 자세   201

닫는 글 — 우리에게 남겨진 과거청산과 민족 자주의 숙제들   211

부록

과거청산운동 백서 — 정계와 법조계의 과거청산   219

주석   249
이 책에 실린 글들의 출전   253

1부
한국의 친일파는 무엇으로 사는가?

1. 친일파들의 일제 한국 지배 축복론
― 한승조의 친일 망언에 대하여

한승조가 일본의 우익 잡지 『정론(正論)』 2005년 4월호에 일본제국주의의 한국 식민지화를 긍정하고, 일본제국주의가 당시에 우리 자매인 여성들을 일본 군대의 성노예로 만든 사실을 문제 삼는 것은 부적절하다는 글을 기고했다. 나아가 한국 안의 친일파 비판은 좌익, 용공, 친북 편에서는 잘못된 행위라는 주장까지 했다. 이것은 현재 진행되는 과거청산 추진에 의도적으로 제동을 거는 친일파의 반발이고 저열한 방해 전술의 하나다. 그러한 억지 주장의 허구를 벗긴다.

왜 그처럼 파렴치한 자세로까지 나오나?

일제 친일파가 해방 후 미군정 시기를 거쳐서 지금에 이르기까지 지배해 온 친일파 세상에서 우리는 살아왔다. 그동안 친일파를 비판하고 그 죄상을 말하면 대개는 '빨갱이'로 몰렸다.

그 구체적 사례를 몇 가지 보자. 우선 김구 선생의 우국 활동을 말살하기 위해 빨갱이로 몰아서 죽인 것은 누구인가? 반민족행위처벌법을 무산, 좌초시키고 친일 청산을 외친 사람들을 빨갱이로 몰아 제거한 것은 누구인가? 조봉암 씨가 '북진(무력)통일'이라는 기만적이고 비현실적인 구호로 국민을 우롱한 이승만 정권에 대결해 '평화통일'을 주장했다고 해서 국시 위반이라고 몰아붙여도 안 먹히자, 결국 빨갱이 몰이로 죽인 것이 친일 부류가 아닌가? 1950년 6·25전쟁이 발발하자 친일파는 자기들의 자행해 온 죄상 때문에 겁을 집어먹고 빨갱이로 낙인찍어 감시하던 '보도연맹원' 수십만 명을 집단 학살했다. 그러한 무법적 폭거인 살인에 대해서조차도 '반공'이라고 정당화하고 있는 것이 지금까지 실정이다.

박정희와 그 추종배는 훨씬 더 노골적으로 일본 우익과 유착해서 반민족적 추태를 부려왔다. 박정희는 기시 노부스케(岸信介)로부터 세지마 류조(瀨島龍三)에 이르기까지 옛날 만주 시절 상전에게 충복 노릇을 하면서 굴욕 밀실외교를 자행하고 그들의 지도에 따랐다. 전두환과 노태우도 세지마의 충실한 제자였다.[1]

어찌 그뿐인가? 전두환은 1979년 12·12쿠데타 거사 실행에 앞서서 일본 대사에게 미리 보고하고 있다. 이러한 기록은 박선원 씨가 영국 워릭 대학에 제출한 학위논문에서 드러난 바 있고, 국내의 학회지에도 이미 소개되었다.[2]

그러면 왜 지금 한승조 같은 파렴치한 논의가 얼굴에 철판을 깔고 버젓이 등장하는가? 우리 사정을 보면 해방 후에도 일제 때 매국 행각을 한 친일파가 60년이나 이 땅의 실권을 장악한 기득권 세력으로 행세해 왔다. 그들 친일파는 우리의 눈과 귀 그리고 입을 막고 바보로 순치시켜 왔다.

그런데 친일파가 지금 돌아가는 사정을 보니 그들로선 속이 터질 지경으로 안타까운 것이다. 그들에게는 국민이 일제 잔재 청산에 나서고 있는 것이 못마땅하다. 아니 겁부터 난다. 예전 같으면 '빨갱이 놈들' 하고 한마디 매카시즘의 콧바람을 내면 찍소리도 못했을 텐데 그렇지 않은 것이다. 그들로서는 미치고 환장할 노릇이다. 무지렁이 백성이 몰라도 크게 모르고(?) 겁 없이 날뛰고 있어서 속 터져 죽을 일이다.

그래서 수구 친일 언론은 교묘하게 친일파 찬양의 온갖 선전 무드를 조성하는 우민정책을 써오고 있다. 수구 언론기관을 동원해 친일파의 국가 발전 기여론을 외쳐대고, 이승만과 박정희의 냄새나는 추악한 행실에 분칠을 해서 소란을 떨지만 약발이 안 든다. 여기서 미친 척하고 극약 처방을 쓰기 시작한 것이 일부 친일파이고, 그들은 일본의 극우 파시스트의 격려와 지원을 받아 일본식 모델에 따라 온갖 공작을 하고 있다.

한승조가 일찍부터 친일파 박정희를 찬양해 온 것은 다들 알고 있다. 이번 경우는 친일파의 입장을 좀더 노골적으로 드러내며 나섰다. 아마도 마지막 카드를 미친 척하고 들이댄 것이 아닐까?

친일파의 일제 침략 변호론의 허구를 보자

앞서 말했듯이 한승조는 『정론』이란 잡지에 일제 군국주의 변호론의 아류 격인 친일론을 전개하였다. 『정론』이란 잡지에 등장하는 논객이나 논조는 어떠한 것인가? 이시하라 신타로(石原愼太郞) 현 도쿄 도지사의 단골 메뉴는 극우 수구 군국주의와 반한국·반중국의 배외주의 논조가 아닌가? 친일파가 어째서 이토록 치사하게까지 되었는지 딱하기만 하다. 이 잡지는 일본 극우 신문인 『산케이신문』이 펴내고 있고, 바로 그 배후엔 일본 중등 교과서의 가장 우익적 성향으로 침략주의를 미화하는 역사 왜곡 출판사인 후소샤가 있다.

(1) 한국의 일본 식민지화 찬성론

러일전쟁에서 일본이 승리하여 한국이 일본제국의 식민지가 된 것은 천만다행이라는 논조를 편 이는 한승조가 처음이 아니다. 박정희 시대에 이시하라 신타로를 만난 박정희의 측근인 박종규가 똑같은 말을 하고 있다.[3]

나는 1990년에 이시하라 신타로가 쓴 『현대사의 분수령』이라는 책을 읽고 결국 친일파의 민족의식 빈곤과 국제정세 분석의 유치함을 새삼 확인했다. 러일전쟁 당시에 일본은 영국과 영일동맹으로 지원받고 미국의 후원 아래 극동의 영·미 제국의 헌병 보조원으로 대리전쟁을 했다. 힘겨운 싸움에서 당시 일본 군사첩보 공작의 현역 장교인 아카시 모토지로(明石元二郞)가 스톡홀름에 주재하면서 레닌에게 혁명 자금까지 지원해 1905년 러시아 1차 혁명에 불을 붙이도록 했다. 그는 1910년에 조선 주둔 헌병사령관으로 부임해 한국 의병을 무참하게 학살한 장본인이다.

그렇다면 한승조식 논리로 따르면, 아카시는 1917년 러시아 10월 혁명의 전주곡인 1905년 혁명을 일본 첩보부가 지원했으니, 일본 육군첩보부는 빨갱이를 도운 이적 행위를 했다는 논법이 성립되지 않는가? 굳이 정치학을 공부하지 않아도 역사를 제대로 보는 이라면, 영·미 제국주의의 양해 없이 일본이 한국 식민지화를 성공시킬 수 없었고, 그러한 영·미 제국주의의 일본 비호는 러일전쟁에서 일본제국의 영·미 굴종 예속의 대가

였음을 충분히 알고 있다.

그리고 만일 러시아가 일본에 승리했다고 해도 영·미 제국주의가 러시아 남진을 저지하는 실세로 버티고 있기 때문에 러시아의 식민지가 된다는 엉뚱한 가상은 통할 수 없다는 것은 상식이다. 그런데 왜 그토록 일본제국에 예속된 것을 기뻐하고 일본제국의 한국 침탈을 찬양하는가?

(2) 성노예제도를 변호하는 망발

조선 여성을 강제 연행한 것을 변명한 한국 사람은 한승조가 처음이 아니다. 일본에서, 일본제국의 침략을 미화시키고 정당화하며 일본 극우 군국주의자들을 기쁘게 한 대가로 유명 인사가 돼 활약하며 몇 권의 책까지 내고 있는 오선화란 젊은 여인이 있다. 이 여자는 물론 일제시대의 암울한 세상을 살아보지 못했다. 그러므로 현재 일본의 산업문명과 그 국력에 압도당하고 있는 한국이 초라하게 보였을지 모른다.

그녀는, 전쟁에서 여성을 강간하는 것은 한국전쟁 당시에 미군이라고 예외였는가 라는 궤변으로 전쟁 중 강간불가피론을 전개하며 일본제국 군대의 성노예제도를 변호한다. 이 철없는 이는 일본제국 군대가 성노예제도를 여인의 강제 연행으로부터 관리 유지에 이르기까지 제국 정부 군대의 권한으로 한 것을 지나쳐 버리고 있다.

한국전쟁 당시에 미국군이 여성을 강간하고 매춘 공연이 있었다고 해서, 그것을 미8군에서 관리한 것이 아니고 한국 정부가 제도 운영을 한 것도 아니다. 특히 전시 강간은 군법 위반으로 처벌했기 때문에 잘못이고 금지되어 있었다.

한승조는 오선화의 수준까지는 아니지만 일본제국 군대를 심정적으로 편들고 있다. 그래서 그런 일을 시끄럽게 떠들 필요가 있느냐고 한다. 하지만 생각해 보라. 일본제국은 백주에 처녀를 잡아다가 공창에 수용하는 만행을 국가가 감독하여 자행했다. 그런데 사죄도 안 하고 심지어 배상 책임도 없다고 오리발을 내미는데, 국민을 보호할 정부가 그것을 묵인해서야 되겠는가?

(3) 식민지 근대화론이라는 일제 강점 찬양론

일제의 식민지인 덕분에 우리가 이만큼이라도 되지 않았는가 하는 그럴듯한 일제 침략 수긍론은 한승조의 독점 상품은 아니다. 친일파가 대개 그 상품을 팔아먹으면서 일본의 수구 우익 군국주의와 국수주의 세력의 귀여움을 받아오고 있다. 한승조 이전에도 안병직 교수란 이가 일본에 몇 년 신세지고 있다가 그러한 논법으로 돌아서서 깜짝 놀라게 했다. 최근 문제를 일으켰던 가수 조영남 씨와 비슷한 사례다. 한마디로 조선인으로서 자질이 부족하다고 할 수밖에 없다.

그런데 그렇게 깜짝 놀랄 것도 없다. 우선 그런 이의 역사관과 역사의식의 빈곤을 개탄할 수도 있다. 하지만 그보다 중요한 점은, 우리 기성세대가 역사에 대한 올바른 인식을 심어줄 분위기를 조성해 주지 못한 책임을 통감하고 반성해서 바른 방향으로 나아가도록 해야 한다는 것이다. 그리고 우선 그러한 민족 비하의식의 맹점을 틈타 일본 우익이 노리는 점을 통찰할 수 있어야 한다.

나도 일본의 대학에서 박정희 평가를 두고 일본의 우익 교수와 논쟁을 한 적이 있다. 일본의 우익 교수나 우익 인사의 주장은 박정희가 일본의 교육을 받은 일제 충복이었기 때문에 잘할 수 있었다는 것이다. 그와 논쟁을 벌였던 당시는 전두환 시절로 군부 친일파의 문제를 마음대로 비판하기가 쉽지 않았다. 그렇지만 결코 용납할 수 없는 주장이었기 때문에 상당한 시간을 끌면서 논쟁했다.

박정희 권력에 기생해 득세하고 이익을 본 무리나 박정희 신화에 속고 있는 사람은 흔히 박정희의 공로를 내세우며 우겨댄다. 그들에게는 자기의 기득권을 고수하고자 하는 결사적 방어이기도 하다.

(4) '친일파 비판은 빨갱이'라는 매카시즘 논법

친일파가 일제시대와 해방 이후 지금까지 100년을 두고 써먹는 논법이 있다. 곧 일제시대에는 민족 자주와 일제 반대를 치안유지법의 국체(國體) 또는 국시 위반이라고 한 것이고, 마찬가지로 해방 이후도 그랬다. 특히 국가보안법이란 한국판 치안유지법하에선 용공, 친북, 빨갱이라고 하는 매카시즘 몰이로 간단히 처리해 버렸다.

그런데 지금 천하의 악법인 국보법의 공과를 실사하여 그 폐지가 눈앞에 다가오자 친일파는 나라가 망한다고 소란을 떨며 또다시 빨갱이 타령을 하고 있다. '김일성이 콩밥이 맛있다고 했는데 너도 콩밥이 영양가가 있다고 하니 똑같은 놈'이라는 식의 억지 세상에서 사람을 잡으려 들고 실제로 많은 사람을 잡았다.

자기에게 반대하는 인사나 당파에게 할 말이 궁해지면 '말이 많은 놈은 빨갱이'라는 억지를 쓰는 것은 비단 한국만이 아니다. 미국의 매카시즘에서부터 일본 수구 우익의 논법도 예외는 아니다.

나카소네가 찬양해 마지않는 일본의 외교관이자 해양 세력 유착론이란 지정학(地政學) 책인 『전략적 사고란 무엇인가?』[4]를 쓴 일본 우익의 대부인 오카사키 히사히코(岡崎久彦)는 그가 펴낸『요시다 시게루와 그의 시대』에서 루스벨트 대통령이 2차 대전 당시 일본제국을 패전시키기 위해 했던 처분을 두고 그를 빨갱이라며 다음과 같이 말하고 있다.

> 그러나 그것만으론 설명되지 않는 일방적 양보로서(일본을 불리하게 하는 소련 참전 결정을 두고 말함—인용자) 그 배경에는 루스벨트와 그 측근에 대 소련 친근감 혹은 측근의 공산당원을 통한 코뮤니테리언(communitarian, 공산사회의 일원) 정략이 있었던 것을 부정할 수 없는 것이다.[5]

그들 일제 우익 국수주의의 비위에 거슬리면 루스벨트 미국 대통령도 빨갱이 내지는 그와 유착한 용공분자로 몰려버린다. 기막히게 편리하지만 궤변적이며 무지막지한 논법이다. 힘을 배경으로 한 이 논법으로 얼마나 많은 사람을 죽이고 매장하고 망신시키고 괴롭혀 왔는가?

일본제국주의 잔재 청산과 일제를 찬양해 온 친일파 잔당의 청소가 안 되었기 때문에 온갖 궤변이 난무하면서 사람들의 올바른 정신을 흐리게 하고 있다. 이것을 그저 친일파의 마지막 발악으로만 봐 넘기기엔 그 한도를 넘어선 것이 아닌가?

2. 일본 극우를 대변하는 '신판 친일파'들

한승조의 '일제 식민지화 축복' 발언은 결국 한국 친일파의 '막가파식' 전술이고 그를 지원하는 발언도 그 아류인 것은 두루 아는 사실이다. 그런데 한국 내 친일파와 일본의 극우 재무장 군국주의 추진파는 어느덧 본색을 드러내 노골적으로 유착한 모습을 보였다.

일본의 우익 월간지인 『문예춘추』 2005년 3월호에 실린 사쿠라이 요시코[6]의 한국인 인터뷰 기사가 그것이다. 이 해설 기사의 부제목은 '한국 신(新)실력자에게 듣다'이다. 사쿠라이와 인터뷰한 사람은 한나라당 소속 의원을 비롯해 자유기업센터 임원 등과 같은 재벌 권익을 정당화하는 데 기여하는 수구 이론가들과 보수적 기득권을 옹호하는 교수들이다.

노무현 정부를 친북 좌경 정권으로 모는 논조

우리 사회의 보수 혹은 우익을 자처하는 일부 부류는 김대중 개인이나 김대중 정부 자체를 좌익, 친북, 용공 성향으로 낙인찍고 논의를 전개한다. 만일 김대중 씨가 빨갱이라면 이미 박정희 정권 때 구태여 납치해서 죽이려 했을 이유가 없을 것이다. 해방 이래 60년을 반공이란 이유를 들어서 온갖 일을 다 한 나라가 아닌가.

만일 진짜 좌경, 용공이라면 구태여 빨갱이라고 소리치고 야단법석을 떨 것도 없을 것이다. 법대로 하면 그만이다. 빨갱이는 언제든 잡아와 고문을 해도 상관없었다. 인혁당 사건에서 보듯이 사법 살인까지 저지른 나라였다. 법의 이름으로 말이다.

지금 한승조를 비호하느라고 땀을 흘리는 지만원은 공무원 소양 교육 강사로 강의하면서 당시 현직 대통령인 김대중 씨가 빨갱이라고 했다. 그 말을 듣고서도 멍청히 앉아 있는 공무원은 어느 나라 공무원인지 알다가도 모를 일이다. 더욱 이상한 것은 김대중 씨가 공직에 둥지를 틀고 앉은 빨갱이라면 지만원은 그렇게 떠들기 전에 그를 고발 조치했어야 하지 않는가? 그렇지 않고 빨갱이가 대통령 행세를 하고 있는데도 묵인하고 있었다면 국가보안법상의 불고지죄를 범하고 있는 현행범이란 말이 되지 않겠는가?

사쿠라이의 글은, 노무현이 친일파를 문제 삼으며 과거청산을 추진하는 것은 친북 사회주의를 지향하기 때문이라는 논지를 펴고 있다. 그의 글에서 인용해 보자.

> 노무현 대통령이 추진하고 있는 일련의 개혁은 한마디로 말해 민주주의와 자유를 기초로 하는 한국사회를 중앙 통제색이 강한 사회주의 사회로 되돌리려고 하는 것이다. 그것은 친북조선·친중국 정책이고 반미·반일 정책이

라고 하겠다. 개혁은 언론개혁법, 사립학교 개혁법, 과거청산법, 국가보안법 폐지의 네 개 기둥으로 이뤄지고 있다.[7]

이러한 헐뜯기는 한국의 친일파나 수구 기득권 부류의 주장과 거의 쌍둥이처럼 닮았다. 그러니 친일파가 더욱 일본 극우의 그늘에서 안정감을 느끼고 그 배경을 믿고 날뛰는 것인지 모르겠다. 여기서 '개혁 지향파는 곧 친북 좌경'이라는 논리의 근거는, 사쿠라이에 따르면 한나라당 김문수 의원의 사례를 통해 확인하고 있다. 그녀의 말을 그대로 인용해 본다.

> 김(문수) 의원은 1951년 출생으로 당선 3회의 관록 ⋯ 서울대학교 경영대학 재학 중에 공산주의 운동에 관련돼 제적 처분을 당하고 노동 현장에 뛰어든다. 개헌 투쟁으로 체포돼 1년 6개월을 복역했다. 1986년에는 공산주의 세력인 민중당 노동위원장을 역임하지만 좌익사상에 실망해 전향, 1996년에 국회의원이 되고 2002년 야당인 한나라당의 정책 입안의 핵심인 기획위원장에 취임, ⋯ 김 의원의 경력을 상세하게 소개한 것은, 그를 비롯한 '전향파'가 지금까지의 한국을 움직이는 큰 힘이 되고 있다고 보기 때문이다.[8]

한편 노무현은 그와 반대로 비전향파인 친북 세력이라는 것이다. 사쿠라이의 말을 계속 인용해 본다.

> 확실히 노 정권의 친북·친중국 성향은 도를 넘어서고 있다.[9]

나아가서 사쿠라이는 노무현 정부만이 문제가 아니라는 것을 전향파인 김문수의 입을 빌려 다음과 같이 말한다.

> 아울러 김(문수) 의원이 강조한 것은 노무현 정권뿐만이 아니라 한국 전체가 북에게 홀려 있다(사쿠라이는 일본식 표현으로 '주박(呪縛)' 돼 있다고 했다―인용자)는 것이다.[10]

결국 사쿠라이는 노무현 정부의 개혁이나 한국에서의 친일 반민족 매국 행위에 대한 비판을 친북, 좌경, 용공 분자로 싸잡아 몰아치는 것이다. 그것은 특히 박정희에 대한 반대자를 겨냥하고 있다는 점에서 한국의 수구 극우의 박정희 찬양론자와 맥을 함께한다.

문제는 이러한 비현실적인 단순 논리의 논법에 바탕한 빨갱이 몰이로 매카시즘의 칼춤을 추어 온 수구 극우들이다. 우리는 그러한 매카시즘의 탄압 시대를 끝장내야만 한다. 그래야만 진정한 민주화가 가능하다. 그래서 과거청산이 더욱 절실한 과제인 것이다.

사쿠라이가 면담한 한국 '신실력자' 들(?)의 역할

사쿠라이가 만난 사람은 사쿠라이의 말에 따르면 '한국 신실력자' 들이라고 한다. 여기서 그녀의 글에 나온 한국의 신실력자란 이들의 이름을 순서대로 적어본다.

김문수(한나라당 국회의원), 신지호(자유주의연대 소속), 홍진표(자유주의연대 소속), 이춘근(자유기업원 부원장), 황우여(한나라당 국회의원), 어윤대(고려대학교 총장), 황장엽(전 북한노동당 간부 및 전 김일성대학 총장, 현 반공이론가), 한승조(전 고려대 명예교수).[11]

사쿠라이는 한국의 국회의원을 비롯해 학자, 교수, 총장, 연구원 간부, 시민단체 엘리트 등 한국의 인재라고 하는 사람들을 동원해 모양새를 갖췄다. 그런데 이 명단을 보면, 일부는 초라하고 독단적이며 민족적 자존심도 없이 일본 수구를 편드는 듯한 느낌을 준다. 이것이 비단 나 혼자만의 느낌은 아닐 것이다.

황장엽은 사쿠라이에게 "야스쿠니 문제는 누구를 꺼려 합니까? 일본일은 일본이 결정하는 것이 좋습니다"라고 하면서 "일본은 왜 이렇게 겁쟁이가 됐습니까?"라고 말했다.

일본 수상의 야스쿠니 참배는 일본 정부가 침략전쟁을 직·간접적으로 정당화하는 것이기 때문에 일본의 침략을 당한 나라의 공직자나 국민이 문제 삼는 것 아닌가? 한때 북한에서 최고의 공산주의 이론가 역할을 했다가 지금은 대한민국 편에서 반공을 한다는 사람이 그 정도 수준으로 겨레나 나라 문제를 말할 수밖에 없는가? 설혹 그가 일본 국민의 입장이라고 해도 일본이 전쟁국가가 되는 것에 대해 나름의 의견을 가져야 하는 게 옳지 않을까?

한국과 일본의 극우, 같은 점과 다른 점

현재 개혁의 추진자나 그 지지자는 친북, 용공, 좌경 분자라는 것이 사쿠라이의 일관된 논리다. 이렇게 좌경으로 몰아가는 논법은 이미 해방 이래 한국의 친일파가 써먹어 왔던 수법이다. 여기서 그 수법이 한국 친일파의 전매특허가 아닌 것을 확인하게 된다.

그런데 지금 한국의 독재 권력에 기생해 이득을 본 수구 기득권 부류가 아무리 박정희나 군정의 치적을 미화하려고 해도 정당성을 갖지 못하는 근본적인 이유가 있다.

박정희는 일제하에서 개인의 입신 출세를 위해 민족을 배반하고 일본 괴뢰국이었던 만주국의 신경군관학교에 혈서 지원해 일제군인이 된 친일파다. 해방 후에는 자기 형 박상희처럼 좌익에 가담해 공산당(남로당)에 들어갔는데, 군대 안에서 프락치 공작을 하다가 들통이 나자 구사일생으로 빠져나왔다. 그리고는 다시 출셋길을 위해 합헌 정부를 전복하는 군사 반란을 일으키고 영구 집권이라는 민주주의에 대한 반역을 시도하다 결국 피살된 사람이다.

일본 우익은 그가 일본의 제국 군인으로 군국주의 교육을 받았기 때문에 한국에서 지도자로 성공했다고 말한다. 그러나 그는 지도자로 성공한 것이 아니다. 그는 한국인에 대한 가해자로서 책임이 있다. 박정희 시대 개발독재의 실체가 어떠한지는 알 만한 사람은 다 알고 있다. 일본 수구나 한국 친일파가 함께 박정희를 미화하면서 궁색한 처지로 몰리면 반대파를 빨갱이로 몰아가는 것이 한·일 양국 극우의 상투적인 수법이다.

여기서 한·일 두 나라 극우의 차이를 알 수 있다. 일본 극우는 자기 나라가 '신의 나라'라고 하면서 민족 지상의 절대주의를 내세운다. 그런데 한국의 수구 극우는 대개 친일파로서 나라와 겨레를 배신하고 일제에 투항, 편승한 반민족 매국노 집단이기 때문에 민족주의의 발판도 없이 당초부터 알맹이 없는 쭉정이라는 점에서 일본 극우와 다르다. 한국의 극우에게는 외세인 일제 시절의 상전이나 강대한 우방에 대한 충성은 있으나 민족과 조국에 대한 애착과 사랑이 없다. 친일파가 한국에서는 결코 애국자가 될 수 없는 이유가 여기에 있다.

그래서 이완용, 송병준을 비롯한 유력 친일파의 후손까지도 그들 선조가 매국한 대가로 받은 재산을 외국으로 빼돌리고 있다. 친일파가 참회해 진정으로 조국을 위하고 국민 복지를 위한 사업에 성의를 보인 적이 있는가? 대개 자기의 입신 출세나 자기 행위를 위장하기 위해 인심을 써온 것은 볼 수 있지만 말이다.

개혁을 친북·친중국으로 낙인찍어 몰아가는 극우 세력의 본심

일본의 군국주의화를 지향하는 수구 극우는 대북 강경책으로 밀고 나가지 않는 한국의 햇볕정책을 비롯한 남북 교류 등 모든 것이 친북, 좌경, 친중국의 잘못된 노선이라고 몰아붙인다. 일본의 수구 우익이나 장사꾼들은 한국전쟁을 하늘이 도운 일(天佑神助)로 받아들였다. 그래서 전쟁 경기로 알부자가 됐던 추억을 잊지 못하고 있다.

일본은 1945년 패전 뒤 군사국가를 당분간 포기했다. 대신 전쟁에 기생하는 국가로 탈바꿈하여 한국전쟁에 이어 1960년대 베트남전쟁으로 특수 경기를 누려 왔다. 지금 북한과 중국 동북 지방은 일제가 왕년에 식민지 공업 기지를 건설하던 곳으로 풍요롭고 광활한 노른자위란 것을 그들은 잊지 않고 있다.

여기서 문제는 한국의 친일파 수구 우익이다. 그들은 현직 대통령까지도 친북, 용공, 좌경 나아가 빨갱이로 낙인을 찍으며 대북 강경 무력 도발까지도 서슴지 말라고 한다. 이미 1994년에 미국이 북한을 무력으로 제압하려고 했다가 포기했다. 미국과 일본은 1996년에는 대북 전쟁을 가상하고, 북측이 붕괴할 경우 및 남측도 함께 붕괴될 경우에 대비해 가상 도상 작전을 시행했다.

이때 우리 정부가 참여했는지는 모르겠다. 이에 관한 정보는 미국에서 베스트셀러가 된 『어떤 세계?』라는 책에서 찾을 수 있다.[12] 이 책에서 예측한 사실은 21세기에 이미 사실로 나타나고 있다. 그 예로 2000년에 세계 인구가 60억이 된다고 한 것을 비롯해 21세기에는 중국과 인도가 세계 최강국으로 부상하게 된다는 것이 지적되어 있다.

한국의 일부 극우 보수는, 책임 있는 지도자가 북한과의 교류를 통해 긴장 상태를 완화해 가면서 적대관계를 해소하려는 노력은 일고의 가치도 없다는 입장을 취하고 있다. 그렇다면 한국 정부는 미국과 일본의 무기를 더욱 많이 사들이고 군비 증강과 전시체제로 나아가면서 대비해야 한다는 말이다.

그렇지 않아도 우리 처지에선 군비가 큰 부담이 되고 있다. 무력통일이 남북 모두에게 비현실적인 모험이 될 수밖에 없다는 것은 이미 1953년 정전협정에서 입증된 바다. 그런데 이를 다시 이승만식 북진·멸공통일정책으로 하자는 것이 한국의 일부 극우의 주장이고, 사쿠라이 요시코의 주문인 것 같다.

사쿠라이 요시코는, 일본은 헌법을 개정해 군사력을 강화하라고 한국인들이 열화와 같은 요청을 하고 있는 것으로 묘사하고 있다.[13] 또한 2000년에 펴낸 『헌법이란 무엇인가?』란 책에서 재무장 군사국가로의 지향을 주장했다.[14] 잇달아 2001년 다케나가와의 공저인 『일어나라! 일본』에서는 한층 더 열을 올리고 있다.[15]

일본은 한국과 한국인들에게 저지른 온갖 범죄와 죄악에 대해 한 번도 충심으로 사죄한 적이 없다. 1980년대 전두환이 대통령 자격으로 일본에 갔을 때 그들의 왕이 사과한다며 "통석(痛惜)의 염(念)을 금할 수 없습니다"라는 알쏭달쏭한 말장난으로 얼버무린 적이 있을 뿐이다.

한국의 친일파는 '한 번 사과했으면 되지 않는가'라며 우리를 나무란다. 한국의 친일파에게 물어보자. 말로 미안하다면 그만이고 그것으로 끝나는가? 잘못한 것은 솔직하고 분명하게 표명해야 한다. 그러한 한자 글짓기식 말잔치로 끝내면 되는가? 그에 따른 성의와 행동이 국정에서 실천을 통해 나타나야 하는 것이다. 한일조약에서 사과와 사죄를 성문화해 배상 근거를 확정하고, 피해자와 유족에 대해 배상하며, 성의를 표하는 각종 조치를 취해야만 한다. 독일이 프랑스와 폴란드 및 유대인과 이스라엘에 대해 한 예를 못 봤는가?

일본 극우와 일본 정부는 우리의 개혁이나 국책 수행에 딴죽을 걸기 일쑤다. 또한 일본 공직자가 미리 계획하고 계산한 독도문제 발언이나 역사교과서 왜곡에 대한 의도적 도발 등 각종 전술을 구사한다. 특히 근대국가로서 일본의 외교나 대외문제 해결 방식은 기습과 선제공격, 딴죽 걸기와 시간 끌기, 강대국과의 연맹과 치고 빠지기 등 각종 수법을 써왔고 지금도 그렇게 반복하고 있다.

　1952년 샌프란시스코 강화조약에 한국 정부를 당사자에서 배제해 초청하지 않고, 한국문제를 일방적으로 미국과 합의 처리한 일을 우리는 결코 잊을 수 없다. 당시에 우리가 전쟁 상태로 일일이 챙길 경황은 없었다고 하지만, 이승만 정부 내 친일파 부류의 태만과 무능은 그대로 지나칠 수 없다. 특히 당시 일본의 외무성 조약국장이나 그 이하 실무자 선에서 한국 정부를 원천적으로 배제해 버린 수법은 유감이 아닐 수 없다.

　그뿐인가? 패전 후 일본 정부는 한국인을 노예처럼 부리던 그들의 책임을 벗어던진 채 피해자인 고인이나 유족을 알거지로 내쳐 버렸다. 한국인은 일본 국민이 아니라는 것이다. 일본제국의 강권에 전장으로 끌려갔던 한국인들은 죽거나, 병신이 되거나, 알거지가 되어 돌아왔다.

　그런 피해자들에게 배상과 보상 및 연금 지급 등 일체의 책임을 회피해 버린 것은 세계 어느 나라 정부에서도 유례를 찾아볼 수 없는 참으로 잔인무도하고 파렴치한 일이다. 그런데 친일파들은 그런 일은 하나도 따지지 못하면서 일본 극우의 대변자 노릇을 하고 있다. 도대체 그들은 어느 편에 서 있는 누구란 말인가?

　일제하 암울한 시기에 친일, 매국, 반민족 행위를 한 것을 변명하는 것도 파렴치한데 지금까지도 사회에서 책임 있는 지위에 있는 사람이 함부로 친일 반민족을 주장하고 행동하면서 자기 이득이나 출세를 꿈꾼다면 용서받을 수 있을까? 사쿠라이 요시코가 왜 그토록 한국의 친일파를 애지중지하면서 설치고 다니는지 한국의 친일파만이 모른다고 할 수 있는가? 거듭해서 그들에게 물어본다.

3. 한국 친일파의 정신 구조와 계보를 해부한다

한국 친일파와 일본 극우의 똑같은 정신 구조

한국의 친일파는 일본 극우의 주장을 붕어빵처럼 똑같이 찍어 낸 주장을 하고 있다. 미리 짜고 치는 놀음꾼처럼 서로 손발이 척척 들어맞는다. 우선 한·일 두 나라의 극우와 친일파의 공통된 정신적 뿌리를 정리해 본다. 한국의 친일파와 일본 극우의 출발점이자 귀속점이기도 한 일본 정신의 출처는 다음과 같다.

(1) 일본의 왕정복고인 명치유신에 대한 숭배

일본의 명치유신은 서구 제국주의에 의한 식민지화를 모면하는 자주적 근대국가 수립을 위한 왕정 중심의 개혁인 점은 평가되지만, 그것은 서양 근대국가의 시민정신과 합리주의를 외면한 것이었다. 왕권신성화라는 신권주의적 국가 이념과 관료 지배의 군사국가로 추진된 점에 한계가 있다. 일본 극우나 한국 친일파는 그 점은 문제 삼지 않고, 일본 극우가 "천황

(왕) 중심의 신(神)의 나라"라는 신화를 숭상하는 긍정론에 합세한다.

(2) 일제 식민지화 불가피론과 축복론

일본제국의 한국 침략과 식민지화가 오히려 결과적으로 한민족에게 축복이었다는 점에서 양측의 입장은 일치한다. 한승조만이 그러한 의견은 아니다. 박종규처럼 분명히 그런 의견을 표명한 자도 있지만, 대개 그것을 당연한 전제로 받아들이고 있다. 그런데 그 이면엔 한국 친일파에게는 자기 민족에 대한 민족 비하주의가 있다. 한편 일본 극우에게는 한민족에 대한 민족 멸시와 우월감이란 편견이 숨겨져 있다.

(3) 일본제국의 동아시아 패권 긍정론

일본제국의 동아시아 패권적 지배가 비록 패전으로 실패했지만, 한국 친일파는 일본 극우와 함께 일본제국의 그러한 지향을 긍정한다. 그래서 한국 친일파는 일본이 군사대국으로 아시아의 맹주가 되는 것을 당연하게 받아들인다. 또한 그 전제하에서 일본 우익을 추종한다.

그런데 여기서 한국 친일파와 일본 극우가 다른 점이 있다. 일본 극우에게는 일본 민족 우월의식이 있다. 그러나 한국 친일파는 민족 반역을 통해 그 입지를 마련해 왔기 때문에 민족이나 조국에 대한 애착과 헌신이 없다. 글자 그대로 지저분한 이기주의자들이고 출세주의 집단이다. 그래서 자기 입지를 고수하려고 일본 극우와 찰떡같이 유착되어 같은 노선을 가고 있다. 한국 친일파들이 이러한 추태를 멈추지 않는 까닭은 우리의 과거청산과 개혁이 제대로 이루어지지 않았기 때문이다.

한국 친일파의 계보와 그 정신 구조를 보면

(1) 해방 전 일제 지배하 친일파의 기원과 계보

여기서 친일파란 것은 일본문화나 일본인과 친근한 이해와 접촉을 하는 것을 말하는 것이 아니다. 하나의 역사적인 개념이다. 일제하에서 민족 반역으로 사리사욕을 취하려고 한 부류와 그러한 부류를 해방 후에 대물림하듯 이어오는 사회·정치·경제적 및 문화적인 무리와 집단을 지칭하는 말이다. 조선이 일본 지배하에 들어가면서 이완용과 송병준을 비롯한 친일파가 날뛰고 해방 후에도 친일파는 미군정에 편승해 역사적 심판을 면한 채 이승만의 정치 기반이 됐다. 그 후 박정희 시대에는 친일파가 완전히 지배 세력의 정상에 서면서 친일파 세상이 된 것이다. 그래서 친일파는 한국사회의 실세이고 지배층이기도 하다.

(2) 군사정권 주역의 정신 구조

친일파가 인적 청산을 비켜가고 지배 세력이 될 수 있었던 것은 미군정이 친일파를 비호했기 때문이다. 그들 친일파가 친일 매국의 죄과에 대한 면죄부로 이용한 것은 반공주의이다. 그들은 반공의 기술자라고 하는 일제 경력을 무기로 삼아 출세하였다. 그래서 친일파의 입장을 정당화하고, 나아가서 그들의 지배 구조를 세우는 방법으로 자기들에 대한 비판 세력까지도 모두 빨갱이로 몰아 제압하는 사이비 반공주의인 매카시즘으로 치달았다. 김구 선생도 빨갱이로 몰아서 암살한 배후엔 친일파의 그림자가 분명하게 드리워져 있다.

정부 수립 후에도 일제의 법령과 관료를 그대로 이어받았기 때문에 이들의 친일 이데올로기는 일제의 권위주의와 관료주의 및 군국주의와 파시즘이 남아 있는 토양에서 쉽게 뿌리를 내릴 수 있었다. 그 당시부터 그들은 미국식 민주주의란 제도를 떠들어 왔지만, 속사정은 그렇지 못한 관료 지배일 뿐이었다. 이승만 시대를 외국에선 '경찰국가'라고 했다. 군사정권 시대는 정보부 지배의 병영국가였다. 그런데 실제 통치 방식은 일제 시절의 방식을 대개 그대로 이용했다. 그 이유는 친일파 주도의 지배였기 때문이다.

여기서 패전 후 일본을 보면, 아무리 맥아더의 민주화 개혁 조치를 시행했다고 하여도 일제의 구지배층이 그대로 지배하는 구조를 근본적으로 개혁하지는 못했다. 그래서 지금까지 정계·경제계·관계 및 사회·문화계를 통틀어 지배해 오고 있는 것은 구지배층이다. 이 점을 똑바로 보지 않고서는 일본의 극우가 강력한 힘을 발휘하는 배경을 이해할 수 없다.

한국 극우의 본색

(1) 친일파 지식인의 육성 배경

해방 후 지배 세력이 된 친일 지식인은, 일본제국주의가 본격적으로 중국 침략전쟁을 개시하여 일제 군부가 독주하던 1930년대 이후 일제 군국주의의 파쇼교육을 받은 사람들이다. 일제는 1937년 중일전쟁과 1941년 태평양전쟁으로 총동원 전쟁체제를 갖추었다. 당시는 초등학교부터 대학에 이르기까지 군국주의 교육을 실시했고, 조선인을 노예로 만들기 위한 감옥국가의 시대였다.

그런 조건에서 한국 친일파들은 적극적으로 일제의 전쟁에 협조했다. 그러한 반민족 행위가 횡행하던 시절에 잔뼈가 굵은 친일 지식인은 대개가 스스로 일제 노예가 되어 출세를 꿈꾼 철저한 기회주의자였을 뿐만 아니라 민족에 대한 배신자였다.

(2) 박정희의 '가부장적 권위주의'와 친일 인맥

이효재는 『분단시대의 사회학』에서 박정희식 독재의 특색을 "가부장적 권위주의"라고 했다. 일제식 신권주의를 변형시킨 것이다. 특히 봉건적 충효 관념의 동원은 일제식 그대로였다. 민주공화주의의 애국충성은 자유를 위한 조국애이며 동포형제에 대한 애착과 봉사이다. 그런데 박정희는 지배자에게 절대복종하는 봉건적 충성과 어른을 무조건 섬기라는 봉건적 미덕을 강요했다. 복종형 노예교육을 강제하여 영구 집권을 가능케 하려고 발악한 것이다.

특히 박정희는 만주괴뢰국 신경군관학교 2기생으로 일제에 혈서 지원한 민족 반역자로서 그의 주변 사람들을 보면 만주를 무대로 친일 매국 행각을 한 무리가 주류를 이루었다. 예를 들면 만주국 관리를 한 최규하(외무장관 및 대통령), 만주오족협화회란 친일기관의 사무국장을 한 이선근(정신문화원 원장), 그리고 만주신경군관학교 동창들이다.

그리고 박정희는 일본의 만주 고관을 한 기시 노부스케 수상과 세지마 류조 관동군 참모장교 및 중국 지구 일제 비밀특무공작기관장을 역임한 극우 정치 깡패 고다마 요시오(兒玉譽士夫) 등과 긴밀한 관계를 맺고 그들의 지도, 자문, 협조를 받았다. 이러한 관계는 신군부까지 이어졌고, 지금 친일파로까지 일본 극우와의 관계는 깊숙하게 엮여 있다. 경제 및 재계나

문화·교육계까지 친일파들은 일본 극우와 동맹관계에 있다.

일본 극우가 식민 지배를 정당화하는 허구와 가설의 실상

일본 극우가 식민지 지배를 정당화시키는 이데올로기는 일본제국의 침략 이전부터 볼 수 있다. 정한론(征韓論)이 대두할 시절까지 거슬러 간다. 특히 일제는 1894년 청일전쟁과 1904년 러일전쟁을 도발하면서 아시아 민족에 대한 열등 미개론을 본격적으로 확산시켜 왔다. 그러한 정신 오염은 일본인들뿐만 아니라 한국 친일파에게도 엄청난 영향을 미쳤다. 일본 제국주의가 날조한 극우의 이론적·사상적 기반이 되고 있는 허구와 가설을 살펴보면 다음과 같다.

〈식민 지배와 침략을 정당화하기 위한 가설〉

1) 한국은 당파 싸움만 해왔고 발전의 싹은 없었다.
   - 정체사관(停滯史觀). 이광수로부터 박정희에 이르는 친일파의 한국사 인식 자세.
2) 한국이 일제 식민지가 안 되었으면 러시아의 지배를 받았을 것이다.
   - 일제 식민지화 축복론. 박종규(박정희 경호실장)로부터 한승조 등 친일파 대부분의 일본 극우 추종 자세.
3) 일본제국의 한국 지배는 근대화에 기여하였다.
   - 근대화 기여론. 안병직 등 친일파에 동조하는 학자들의 역사 인식.

4) 일본의 교육과 공업 시설이 한국 발전에 기여했다.
   - 위와 같은 논조로서 그 내용의 노예화와 착취 구조를 도외시한 독단.
5) 일제 지배에 항거한 조선인은 소수일 뿐이다.
   - 항일 반(反)제국주의 운동의 역사적 의의와 의미를 축소시키고, 친일파의 매국 행각을 정당화하기 위한 논리로 꾸민 궤변.
6) 조선인은 일제 지배에 자발적으로 협조했다.
   - 위와 같은 맥락의 친일파 입장 옹호론의 논거.
7) 식민지화 과정은 합법이었고 혜택도 주었으니 사죄할 것이 없다.
   - 친일파 박정희와 일본 극우의 1965년 한일 밀실외교의 변호론.
8) 일본의 중국 등 동남아 침략은 아시아 민족을 위한 해방전쟁이었다.
   - 한국 친일파가 동조하고 있는 일본 극우의 대동아공영권 미화론.

우리 스스로가 민족의 위상을 지켜야

일본 극우와 한국 친일파는 최근 들어 한일협정 문서 공개를 비롯한 과거 행적에 대한 진상이 드러나고 있는 것에 당황하고 있다. 특히 한국에서 과거청산이 진행됨에 따라 극도로 반발하고 있다. 그래서 그들은 비열한 반격 전술을 펼치고 있다. 독도문제로 혼란시키고 약 올리기, 역사 왜곡으로 시선 돌리게 하기, 친일파를 동원한 파렴치한 궤변론으로 밀어붙이기, 개혁 세력을 빨갱이로 몰아가는 매카시즘 수법 등 그야말로 총동원 태세로 나오고 있다. 여기서 우리는 이들의 추악한 정체와 의도를 냉정하게 살펴서 그것을 있는 그대로 폭로하고 의연히 대처하며 과거청산에 박차를 가해야 한다.

    한국 친일파는 일본 극우와 함께 우리가 과거청산을 머뭇거리고 있다고 보기 때문에 마구 기어오르면서 딴죽을 걸고 있는 것이 아닌가?

4. 미·일의 한국정책 역사와 우리의 입장

가쓰라·태프트 밀약의 교훈

1904년 일본이 도발한 러일전쟁은, 영일동맹과 미국의 일본 지원이란 영·미 양국의 후견과 배려를 배경으로 일본제국이 러시아와 대결한 전쟁이다. 결국 영·미 양대 제국을 위한 대리전쟁이었다. 당시 일본의 승전이라고 영·미가 손을 들어주었지만, 실제로는 그렇지 않았다. 병력 손실과 국력의 한계로 보았을 때 더욱 위기 상황에 몰린 것은 일본이었다. 다만 제정 러시아가 혁명 발발, 군대 부패, 그로 인한 비능률과 작전 실패 등 국내 위기로 인해 일본을 살린 것이다.

그 당시 미국은 포츠머스 강화조약을 주선하면서 일본제국과 조선문제를 두고 밀약을 맺어 조선이 식민지로 전락하는 것을 방조했다. 미국은 스페인전쟁으로 영유케 된 식민지 필리핀의 안정 확보를 위해 일본의 보장을 받아내는 대가로 조선이 일제 식민지가 되는 것을 인정했다. 이른바 '가쓰라·태프트 밀약'이다. 그것이 밀약의 내막이고 그래서 을사조약이 체결되자 미국은 가장 먼저 인정하고 조선에서 외교공관 철수를 제일 먼저 단행했다. 우리 정부와 고위 관료는 그것도 모르고 미국에 희망을 걸고 발버둥질했다. 윌슨 미국 대통령이 1919년 파리강화회의에서 민족자결주의를 선포하자, 다시 기대를 걸었다. 물론 윌슨의 민족자결주의가 아시아 민족의 민족 자결은 아니었다. 그것은 당시 파리에서 윌슨에게 청원했던 베트남의 청년 호치민도 알아차렸다.

그렇다고 우리가 새삼 미국에게 섭섭하다는 감상을 피력하는 것은 아니다. 국제관계는 그때나 지금이나 세력관계에 따라 힘이 작용하고 각기 자기 나라의 이익을 기준으로 처리된다는 실상을 확인하자는 것이다. 미국은 우리의 '혈맹'이 아니다. 자기의 이익을 저버리고 한국을 동정하지는 않는다. 그런 것을 기대하거나 미련을 둬 온 멍텅구리 때문에 우리는 해방 이래 나라를 망쳐 왔다.

대한민국 임시정부 승인을 거부한 미국

일본의 진주만 기습으로 미·일 간에 전쟁이 발발했을 때에 대한민국 임시정부도 대일 선전 포고를 하고 미국 등 연합국 편에 서서 공동 전선을 폈다. 그러나 미국은 일본이 패전할 때까지 우리 임시정부를 승인하지 않았다. 교전단체 정도로 공식 인정하는 데에도 인색했다. 일제 패전 후에는 임시정부가 공적기관으로 귀환하는 것도 거부하고 개인 자격으로 입국을 허용했다.

그러한 사정은 미국 나름의 이익을 추구하는 데 있었다. 그것이 국제정치의 현실이었다. 해방 후 한국 주둔 미국군은 일본 총독을 고문으로 대우하려 했고, 친일파를 전면적으로 기용했다. 뿐만 아니라 한민족의 일제 전범 처리는 물론 한국인 반역자 처벌도 못하게 했다.

북에 진주한 소련군이 그들 독자 노선을 걸어간 것도 물론이다. 그러니 우리 민족 스스로가 미국과 소련을 납득시키고 압력을 가하지 않으면 미소공동위원회는 각자의 이해 때문에 두 쪽으로 쪼개질 것은 뻔한 일이었다. 당시 우리 지도층의 국제 감각은 그야말로 천진난만한 수준이었다. 국제정세에 대응하는 자세 또한 미성숙했으니 오늘날 생각해 보아도 아쉽고 가슴 아픈 일이다.

미국의 한국정책은 패전국 일본에 대한 것보다 부실

미국은 일본 패전 이전에 각 부처 합동으로 일본 민주화를 위한 정책을 개발하고 있었다(3성통합특위). 한국에 대해선 포츠담-카이로 선언에서 '노예적 상태'로부터의 해방을 약속했지만 구체적인 대안이 아무것도 없었다. 친미주의의 대부 격인 이승만이 미국첩보국(OSS)에서 대령 대우를 받으며 활약했으나, 그의 건의가 반영된 흔적은 없다. 미국 당무자는 한국을 필리핀 정도로 생각하여 50년 정도 식민지로 개화시킬 수 있다는 막연한 생각을 했을지 모른다. 미국은, 소련과 영국 등 3개국이 참석한 모스크바 삼상회의에서 채택한 한국에 대한 신탁통치 결정과도 무관하지 않다. 물론 한국에선 전적으로 소련의 제기라고 알았지만 말이다.

그뿐인가? 미국은 일본 정부를 감독해 민주화 개혁을 대대적으로 추진했다. 그러나 한국에서는 영어를 공용어로 하는 군사 통치를 시행해 무수한 시행착오를 일으켰다. 이미 친일파가 지배하는 시대에 이른바 '통역정치'의 시대마저 강요했다.

그 정도는 감수할 수밖에 없었다고 치자.

미국은 일본 전범재판에서 일본의 침략 시기를 일제 관동군이 1928년 만주 군벌 장작림(張作霖)을 폭살한 사건 때부터 따졌다. 조선 침략문제는 애당초 빼버린 것이다. 그래서 후일 일본 국수주의자는 물론 일본 정부는 조선을 침략, 강점한 것을 인정하지 않았다.

게다가 일본의 침략에 의한 최대 피해자인 한국인 대표를 전범재판에서 참관자로서도 초청하지 않았다. 필리핀과 인도네시아, 미얀마와 인도차이나가 당사국으로 등장하는데도 말이다. 이것은 전적으로 미국이 일본 측의 의도를 묵인, 아니 의도적으로 인정한 것 아닌가? 이 점에 대해선 우리가 1948년 정부 수립 직후에 미국과 일본에 문제를 제기했어야 했다.

또 하나 엄청난 사실이 있다.

1951년 일본이 샌프란시스코 강화조약을 체결할 당시에 한국은 초청 당사국에서 제외됐다. 그 내막을 보면 이것은 당시 일본의 조약국장 선에서 이루어진 것이다.[16] 그래 놓고 일본과 미국은 조약의 본문 조항에서 한국문제 처리 조항을 설정했다. 우리 정부의 사전 양해도 없이 말이다. 그야말로 주권 침해이다. 당시 이승만 정부는 이에 대해 한마디 말도 없었다.

그리고는 1965년 한일국교 타결의 한일 기본조약에서는 우리가 그 조항을 인정하는 조항을 슬쩍 끼워 넣었다. 박정희 정권은 국교를 맺는 조약에서 일제의 침략 사실을 묵인한 것이다. 이 조약은 강화조약도 아니고 그렇다고 통상조약이라고도 할 수 없다. 박정희 정권이 민족을 배신한 양보를 해서 우리의 국익과 동포형제의 권익을 팔아먹은 것이다. 이를 알면서도 방임 내지 조장한 것은 미국이다. 아무리 나라마다 국익이 있다고 해도 여기까지 오게 되면 우리도 무엇인가 할 말은 해야 하지 않겠는가?

한일협정은 다시 검토되어야

1995년, 한일협정 체결 30주년을 맞아서 조약을 재검토해야 한다는 운동이 일어났다. 나도 그 조약의 문제점에 따른 개정 초안을 마련해서 제시한 바 있다. 2000년에는 일본 시민단체의 초청으로 그 내용을 일본에서 발표하기도 했다. 김대중 대통령도 1998년 일본 기자단과의 회견에서 개정 의견을 제기했었다. 물론, 한일 굴욕외교의 장본인으로 스스로 '제2의 이완용'을 자처했던 김종필이 그 당시 총리였기 때문에 묵살되었다.

2004년 8·15 경축사에서 노무현 대통령이 과거청산의 촉구와 한일관계의 문제를 재검토할 것을 공표했다. 그런데 우리나라의 외무부장관이나 주일 한국대사란 이들이 딴 소리를 하고 있다. 그들의 정체는 무엇인가? 어느 나라의 관리인가?

지금 한일협정 관련 문서가 공개되고 과거사가 규명될 시점에 이르러서 일본 극우는 일본 군국화에 지장이 있을까 봐 현 정부를 못마땅해 한다. 한국의 수구 친일파 부류는 한국 정부의 개혁 세력을 친북, 용공, 좌경으로 몰아붙이고 있다. 물론 자신들의 추악한 정체와 과오가 드러나는 것을 막아 보려는 속셈일 뿐이다.

미국과 일본의 입장과 한국

우리 정부는 미국과의 관계에 대해 국민 감정을 거스르면서까지 최대한 배려해 왔다. 지금도 그렇다. 그런데 미국의 꽁무니에 붙어서 최대의 이득을 노리는 일본 정부나 일부 일본의 우경 군국주의 부류는 대북 강경책으로 몰아붙이기를 하며, 한반도 긴장 상태를 조성하려는 듯한 오해를 살 일을 계속해서 자행하고 있다.

미국의 입장은, 미국이 일본제국을 앞장세워서 한국 개방을 시도한 1875년 운양호 사건 당시를 연상케 한다. 당시 미국은 일본의 조선 원정 함대를 지원해 1853년 미국 페리제독 함대의 '일본 원정기'를 제공하고 함포 협박외교의 기술과 전술을 일본에게 전수해 주었다. 가쓰라·태프트 밀약이 있기 반세기 전의 일이다. 이후 일본은 영·미 제국의 그늘에서 컸다. 그래서 지금도 일본 구군국주의자와 극우는 일본이 해양국가인 미국과 영국 편에 서야 한다는 지정학적 전략론을 오카사키를 대표 주자로 해 제기하고 있다.[17]

일본은 2차 대전 패전 후 한국전쟁에 기생해서 졸부가 되었다. 나는 한국전쟁 당시에 한국 군대용 차량으로 일본의 도요다 자동차가 쏟아져 들어온 것을 잊을 수 없다. 왜 잊지 못하냐 하면, 부딪히고 고꾸라지면 못쓰게 되어 버려지는 부실 제품이었기 때문이다. 일본은 한국전쟁 이후에는 1960년대 베트남전쟁에서도 마찬가지의 이득을 챙기는 '전쟁 기생국'이 되었다.

이미 일본 자위대는 1963년 '삼시작전(三矢作戰) 연구'라는 비밀 가상 작전 도상 연습을 했던 것으로 폭로되었다. 이 작전에선 한반도 유사(有

事, 전시란 말을 교묘하게 돌려쓰는 일본식 표현) 시를 가정해서 한국군이 반란 시에 어떻게 대처하는가 하는 작전까지 나온다. 그 후 일본 자위대는 미국과 긴밀한 유대 연합체제를 만들었다.

지금 일본 정부는 이라크에 출병한 일본 군대가 독자의 평화 협력 체제를 갖추고 있다고 국민을 달래고 있다. 그러나 실제로는 미국 전함 급유, 미국 군대의 군수물자 수송을 담당하고 있다. 육상자위대도 공공연히 전투만하지 않을 뿐 사실상 전투 배치 상태에 돌입한 것이 아닌가? 그래서 평화헌법을 개정해 전력 보유의 합법화와 전쟁국가 체제로 전환하려는 숙원을 풀려고 안달이 난 것이 아닌가? 이미 1990년대 우경화 무드를 타고 전시법제가 정비되어 해외 파병에 이른 것이다. 한편 미국은 한국전쟁 이후부터 일본의 재무장을 촉구해 왔고, 현재도 적극 지원하고 있다.

우리는 1965년 한일협정 당시에 미국이 한국에 가한 압력을 악몽처럼 떠올리지 않을 수 없다. 그런데 박정희 등 군정으로 부자가 되고 출세한 무리는 무조건 잘된 것이라고 떠들어 댄다. 나는 그들에게 베트남전쟁 전사자가 묻힌 국립묘지에 한 번이라도 가서 눈물을 쏟고 가슴을 쥐어뜯어 봤냐고 묻고 싶다.

우리는 어느 나라에게 엎드려 빌어도 그 나라가 자기의 국익을 희생하거나 양보할 것을 기대할 수는 없다. 사태를 정확히 파악하고 의연하게 대처함으로써 자기 입장을 분명히 해야 한다. 그런 각오가 필요하다. 아무리 '혈맹' 타령을 해서 짝사랑의 춘정을 하소연해도 그것으로 일이 풀리는 것은 아니다. 이제는 정말이지 그런 꿈에서 깨어나야 한다.

5. 되풀이되는 역사, 되풀이되어선 안 되는 역사

"전쟁이 끝나봐야 알 수 있지 않겠습니까?"

　일제시절에 잔뼈가 굵은 사람은 해방 후 일제가 세뇌해 오염시킨 사고방식을 스스로 극복하려고 노력했어야 했다. 그리고 국가도 그러한 일에 도움을 주는 것이 당연하다. 그런 점에 부실했기 때문에 아직도 나이 든 사람들은 일제 잔재에서 헤어나지 못하고 있다. 군사정권 시절 30여 년을 살아오며 권위주의와 군사문화에 오염된 사람에게도 마찬가지로 해당되는 이야기이다.

　일제가 1931년 중국과의 전쟁에 돌입하자 일본의 학교에서는 군국주의와 국수주의 교육이 절정에 달했다. 천황 사진을 보관한 '호안뎅(奉安殿)'이라는 신당 같은 걸 세워 놓고는, 그 앞을 지나가는 학생들에게 절을 하도록 했다. 조선말을 쓰지 못하게 했을 뿐만 아니라 '교육칙어'란 귀신 주문 같은 글을 외우지 못하면 따귀를 때렸다. 조회는 군대식 사열과 교훈, 승전 성과 보고로 일관되었다.

어느 날 학교의 높은 지위에 있는 선생들이 각 학급을 돌며 "이번 전쟁에서 어느 편이 이길 것인가?"라고 학생들에게 물어보았다. 물론 정답은 일본제국의 황군이 이긴다는 것이었다. 이 정답이 일사불란하게 나올 것을 재확인하는 꼴이었다.

그런데 여기에 이변이 일어났다. 내 뒤에 앉은 김 아무개가 손을 번쩍 들고 말하길, "그것은 전쟁이 끝나봐야 알 수 있지 않겠습니까?"라며 이의를 제기한 것이다.

그러자 일본 선생들은 당장 얼굴이 새파랗게 질리며 길길이 날뛰었다. 그리고 그 학생의 뒷덜미를 잡아서 교장실로 질질 끌고 갔다. 학교는 야단이 난 것이다. 지금 생각하면 누가 잘못된 것인지 뻔한 일인데 당시에는 큰 사건이었다.

"『자본론』을 읽어보기는 했습니까?"

그런데 일제시절의 그러한 어처구니없는 사건이 군사독재 시절에도 되풀이되는 것을 보았다. 그것도 대학 강단에서 말이다.

공산주의 이데올로기를 비판하는 교육 과목을 강의하는 군인 출신 교수가 마르크스의 『자본론』은 엉터리라고 열을 내고 있었다. 그 교수는 자기의 열강에 스스로가 도취된 듯 학생들에게 질문이 있으면 하라고 했다.

그러자 어느 학생이 "교수님은 마르크스의 『자본론』이란 책을 읽어보셨습니까?"라고 물었다. 그는 약간 주저하는 듯하다가 "그렇다"고 했다. 그러자 학생은 "우리도 그 책을 보는데 서문에 무슨 말이 있습니까?"라고 다시 물었다. 그러자 그 교수는 버럭 화를 내면서 "서문에 무슨 말은 무슨 말이야. 그것이 무슨 중요성이 있냐"고 했다. 다시 학생은 "서문에서 사회과학적 탐구의 방법론이 제시된 것을 모르십니까?"라고 물었고, 그 교수는 "야 임마, 너 이 새끼 이름이 뭐야!" 하며 학생의 멱살을 잡아채려고 했다. 학생들은 일제히 항의하면서 "폭력 교수다!" 소리쳤고 강의실은 난장판이 되었다.

나는 이 얘기를 듣고 일제식 이념교육이 되풀이되고 있는 현장을 보는 듯했다.

"미국 선수와 이북 선수 중 누굴 응원할 겁니까?"

미리 정해 놓은 일제식의 '정답 풀이' 강요는 도처에 도사리고 있었다. 원래 군사독재는 모든 국민을 '이등병'으로 다룬다. 그래서 '이등병'으로 두드려 맞춰 가는 병영의 규율을 관철시키는 것이 사회 질서의 기본이었다. 당연히 상식으로는 도저히 이해할 수 없는 일들이 숱하게 벌어졌다. 여기서 한 가지 사례를 소개한다.

전두환 시절에 정부의 고관이 대학에 가서 국가 안보에 관한 강연을 했다. 그는 말도 안 되는 엉터리 내용을 가지고 청중으로 동원된 학생들을 괴롭히고 있었다.

어느 학생이 질문을 해도 된다는 승낙을 받고 그에게 물었다.

"장관님의 안보 강의는 많이 들었던 내용이므로 다른 사례를 물어보겠습니다. 만일 서울 운동장에서 미국 축구팀과 이북 축구팀이 경기한다면

장관님은 어느 팀을 응원하실 겁니까?"

그는 얼굴이 시뻘게져서 말을 못하고 있었다. 그러자 학생과 직원이 소리쳤다. "어떤 놈이야! 빨갱이 새끼 아니야? 잡아라!" 그들은 청중석으로 뛰어들었고, 강연은 아수라장이 됐다.

그는 스포츠 경기에서도 색깔이 칠해진 논리를 벗어날 수 없었던 것이다. 왜 당당하게 자신의 솔직한 감정마저도 표현하지 못하는가? 같은 동포인 이북 선수들을 응원하는 것이 이적 행위이며 빨갱이 짓이라는 경직되고 옹졸한 생각 탓이다. 이러한 일제식 사고방식을 버리지 못한 자들은 한마디로 졸장부들이었다.

일제 패망 후 친일파가 자행해 온 만행의 일람

1945년 8월 15일 일제 항복.

일제 당국이나 친일파는 자기 지배체제의 종말이 온 것을 어떻게든지 만회하려고 증빙 자료나 공문서를 미군이 진주하기 전인 9월 초순까지의 기간 안에 모두 파기했다. 일제 상전을 섬기던 친일파가 그에 적극 협조했다. 친일파들은 당시 조선에 있던 일본인의 재산을 은닉해 주거나 증여를 받아서 벼락부자가 되었고, 나중에 그 재산으로 정치 기반을 마련했다.

조선 주둔 일본군은 오키나와에 있는 미군과 교신에 성공해 남조선은 빨갱이 지배의 무법천지가 됐으니, 빨리 주둔해 줄 것을 요청하는 SOS를 타전했다.

1945년 9월 조선 주둔 미군, 일제 관리를 군정 고문으로 채용.

친일파는 미군 점령하에서 재기용되자 자기들의 친일 행적을 변명하기 시작했다. 이광수가 그 대표적 인물이며, 최남선은 뻔뻔스럽게도 『조선역사』라는 책을 써서 중등 교과서로 채택시키려고 했다.

'반공'을 통한 봉사로 면죄부를 얻은 친일파는 미군정의 비호 아래 각계의 실권자가 되었다. 후에 임종국의 명저 『친일문학론』에서 민족 반역 행위가 드러났던 서정주와 조연현 등은 문학계의 반공 지도자로 부상한 반면 양주동 같은 항일 학구파는 빨갱이 칠을 해서 나중에는 보도연맹원에 강제 가입시키기도 했다.

이승만 정권은 친일파를 정치적 기반으로 하는 정권이기 때문에 일찍이 일제 최고의 악법인 치안유지법의 복사판인 국가보안법(1948년)을 만들어 매카시즘의 법적 근거를 마련했다.

결국 1949년에는 반민족행위자처벌법 시행을 무산시킴으로써 과거청산, 일제 잔재 청산은 좌절되고 말았다. 그 후 친일파가 독재 권력의 주요 주체 혹은 공범이 되는 데 아무런 장애가 없었다. 이렇듯 친일파 청산의 좌절이 후세에 끼친 해독은 이루 다 말할 수 없다.

1950년 한국전쟁 발발 시에는 경찰 감시하에 빨갱이 혐의자로 등록되어 있던 보도연맹원 20만 내지 30만 명을 아무런 법적 근거나 절차도 없이 집단 학살했다. 한국전쟁 중에는 용공성 의심을 받은 혐의만으로도 마을 단위로 민간인을 집단 학살했다. 거창양민학살 사건이 그 대표적인 예이다.

1952년에는 이승만의 장기 집권을 위해 깡패를 동원해서 1차 개헌을 공고 절차도 없이 기립 표결로 통과시켰다. '경찰국가'로서의 이승만 체제를 정확히 드러낸 사건이었다.

"도둑이 매를 드는 세상"은 끝내야

 매국노가 애국자 행세를 하는 세상이다 보니 도둑이 자선가로 둔갑하고, 살인범이 자비로운 지도자가 되어 온갖 못된 짓을 일삼아 온 나라가 되어 버렸다. 과거청산을 하지 않고 친일파가 뻔뻔스럽게 나라의 주인 행세를 하면, 나라가 망하고 국민이 거지꼴로 천대받게 되는 구체적 사례가 바로 그것이다. 여기서 개혁을 해야 할 이유를 좀더 살펴보자.

 1) 친일파가 심판을 피해 도피할 길을 터주었기 때문에 결국은 그들이 애국지사를 얼간이, 바보로 만들어 지배했다.
 2) 친일파는 일제 상전을 모시던 주구에서 친미파로 둔갑하고 독재 권력의 하수인이 되어서 민주화를 가로막아 왔다.
 3) 친일파와 그 후손, 아류는 구기득권을 지키려고 비판 세력이나 민족주의적 애국 인사까지도 빨갱이로 몰아 죽였다.
 4) 친일파가 매국 대가로 취득한 장물인 재산이 보호받는 나라니까 정의와 공평이 실종되고 모든 국민이 직·간접적으로 피해를 보고 있다.
 5) 친일파 또는 그 후손이나 아류, 추종배가 친일 배경을 후광으로 삼아 출세하는 세상이기 때문에 정의와 윤리가 발붙일 곳이 없고, 법은 악인과 그를 비호하는 친일 매국 모리배의 편이 되어 왔다.
 6) 청소년이 제 나라에 대한 과거를 올바르게 알지 못하기 때문에 친일 매국노의 기만과 회유에 쉽게 넘어가고 있다.
 7) 친일파 박정희 무리가 그의 옛 상전과 꾸민 굴욕적인 한일협정을 우리가 그대로 두고 있기 때문에 일본 수구파나 극우 세력은 친일파를 앞장

세워서 우리를 모욕하고 있다.

8) 개혁을 해야만 민주화가 된다는 것은 다들 아는 상식이다. 그러나 한국 친일 매국노들은 개혁 성향의 인물과 당파를 싸잡아서 친북, 좌경, 용공, 빨갱이로 몰아왔다. 그러면서 자기 입지를 지키려고 하고 있는 일본 극우와 야합해 왔다.

더 이상의 이유가 필요한가? 친일파를 청산, 단죄하지 않고서는 정의로운 세상을 만들 수 없다. 도둑이 오히려 매를 드는 세상을 이제는 끝내야 한다.

6. 전쟁국가로 가는 일본, 놀아나는 한국 수구

군정독재를 그리워하는 이의 솔직한 이유

옛날 동창을 만나서 이 얘기, 저 얘기 끝에 그가 생각하는 솔직한 이야기를 들은 적이 있다. 그는 의사로서 풍요롭고 떳떳한 생활을 해왔다고 자부하는 친구이다. 그는 나 같은 사람에게 자기 나름의 생각을 한마디 하고 싶었는지 모른다.

"힘 있는 놈이 세상을 지배하는 것이 자연의 법칙이다. 동물 세계에서 사자가 왕이듯이 박정희와 전두환이 지배한 것은 당연한 것 아니냐? 그들이 지배한 1970년대에서 1980년대가 나 같은 사람에게는 가장 좋은 세월이었다. 까다롭게 법이 어쩌니, 정의와 윤리가 어떠니 할 것이 아니라, 자연의 순리를 따라가는 게 좋은 것 아닐까? 잘난 놈이 잘 먹고 잘사는 것이 세상 이치가 아니냔 말이다."

나는 오랜만에 만난 옛날 친구의 말에 시비를 가려 논쟁하고 싶지 않았다. 또 내가 그에게 뭐라고 한다고 해서 그의 굳어버린 생각이 바뀌지도 않을 것이다. 무엇보다 누구나 자기 생각을 고집하는 자유가 있다. 그래서 나는 가만히 그의 말을 듣기만 했다. 나중에 그는 자신이 지나쳤다고 생각했는지 자연스럽게 화제를 바꿨다.

이 친구와 같은 생각을 '사회적 다윈주의(Social Darwinism)' 라 한다. 우리 사회에서 독재 권력을 긍정하는 부류들은 이 생각을 추종하기도 할 것이다. 사회적 다윈주의는 인간 세상이 동물 세계의 정글 법칙과 다르게 법과 윤리, 정의란 기준이 있다는 것을 망각한 제국주의자의 '식민 지배론'이나, 허버트 스펜서(Herbert Spencer)가 주장한 자본제 사회의 '다윈주의' 이론과 같은 망상이다.

고대 그리스의 소피스트는 정의란 강자의 이익이라고 했다. 그러나 힘은 곧 정의 그 자체가 아니다. 인간 사회의 정의는 공정과 형평의 윤리를 세워가는 것이 아닌가?

전범 1호 도조 히데키가 영웅이 되고 국난의 순교자로 추앙돼

일제 군국주의의 최고 상징적인 인물은 A급 전범 도조 히데키(東條英機)이다. 그런데 일본에서는 그를 영웅으로 떠받들고 있다. 1998년에 도조를 영웅으로 묘사한 〈프라이드〉라는 영화가 개봉되자 폭발적인 인기를 끌기도 했고, 지금엔 그를 국난의 순교자로 부각시키는 대학교수의 글이 나오고 있다.

도조의 세 가지 공헌은 첫째, 1941년 12월 전쟁 도발 결정한 것 둘째, 1943년 동아시아 민족을 위해 전쟁을 한다는 허위 선전의 일환으로 대동아회의를 열어 일본군 점령 지역 등에서 꼭두각시 가짜 대표를 끌어 모은 일 셋째, 패전 후 1946년 전범재판 중의 공술서에서 일제 침략전쟁을 강변하고 왕(천황)의 면책을 주장한 것이라고 한다.[18] 전쟁 광기의 불씨를 키운 극악무도한 죄악을 추앙하는 것이다. 인간으로서 마땅히 가져야 할 건전한 상식과 이성은 간 곳이 없다.

현대 일본의 극우나 보통 우익까지도 인류 보편의 공동 유산인 인권과 평화주의를 비웃으면서 살육과 파괴, 야만스런 전쟁 광상곡을 복음이라고 시끄럽게 나팔 불고 있다. 그런데 우리 땅에선 어떤 일이 벌어지고 있는가?

구로다 가쓰히로(黑田勝弘) 『산케이신문』 서울지국장은 기독교방송에 출연해서 "남한이 북한보다 잘사는 이유 중 하나는 친일 청산을 안 했기 때문"이라고 주장했다. 이렇듯 허위 비방과 중상모략을 마음대로 하며 날뛰는 일본 극우의 선전원을 대학 강사로 모시고 텔레비전 방송에까지 출연시켜 주었다. 우리 민족을 모욕하는 기회를 친절히 제공하고 있는 것이다.

패전 후 일본 군국주의 부활의 정신 구조

일본의 지배층은 1945년 패전은 '패전'이 아니라 '종전'일 뿐이라고 주장하며 애써 항복이란 이미지를 감추어 왔다. 전범재판의 결과를 패자에 대한 강자의 부당한 판결이라며 자기들의 전쟁 범죄를 공공연히 부인해 왔다. 심지어는 전쟁 도발이 백인들의 동아시아 지배에 대한 해방전쟁이었다는 궤변을 일삼고 있다.

맥아더 점령은 일본제국의 왕을 존치시켜 우익의 정신적 지주를 살려두었고, 일본 우익은 구지배층과 야합함으로써 재기의 발판을 유지했다.

특히 패전 전에는 전쟁국가로 번성을 꾀했으나, 패전 후에는 전쟁에 기생하는 국가로 변신해 한국전쟁 때 특수 경기를 누렸다. 그것은 1960년대 베트남전쟁으로 이어지고 걸프전쟁, 아프가니스탄전쟁, 이라크전쟁으로 계속되었다. 지금은 헌법 9조를 위반해 군대를 해외에 파병하는 지경까지 이르렀으니 일본의 헌법과 법치주의는 사실상 총붕괴된 것이다.

일본은 패전 후 민주 개혁의 바람을 타기도 했으나, 일본제국의 지배층이 교체된 것은 아니다. 이 점이 같은 패전국가인 독일과 다르다. 정계·법조계·관료계·재계를 비롯한 지배층이 교체된 적은 없고, 주로 눈에 띄게 문제가 된 인물은 후퇴시키거나 모난 제도는 변형시켜 갔을 뿐 그 뼈대는 고스란히 유지했다.

무엇보다 일본 정부 스스로가 전범 숙청을 거의 하지 않았다. 뿐만 아니라 전범들은 일찍이 1950년부터 하토야마 이치로(鳩山一郎)나 기시 노부스케처럼 수상이나 정계 지도층으로 복귀하였다. 그리고 1960년대 이케다 하야토(池田勇人)의 소득 배증정책으로 전 국민을 탈정치화시키는 경제 제일주의와 출세주의로 민주와 자유에서 이탈하게 하는 정책을 추진했다. 그것이 한 고비를 넘기자 1980년대는 역사 변조와 위조로 군국주의와 국수주의 온상인 황국사관으로 전환이 가능해졌다.

결국 1990년대는 헌법을 껍데기만 남기는 쭉정이로 만든 전시입법(유사법제라고 한다)을 정비하고, 국제평화유지군에 참여한다는 명분으로 가이드라인을 설정해 한국에 무장 출동까지도 가능하도록 정비했다. 지금은 평화헌법의 골격인 9조를 무력화하며, 천황을 국가원수로 부활시키고, 국민 병역의 길을 트이게 하는 개헌만이 남았다.

연합전선을 펼치고 있는 한국 수구와 일본 극우

"일본의 한국 식민지 지배는 축복이었다"는 한승조의 발언이 문제되었을 때에 사쿠라이 요시코란 일본 극우 논객과 인터뷰한 황장엽은, 일본이 개헌 무장을 하던 눈치 볼 것 없이 소신대로 하여야 한다며 노골적으로 일본 극우 편을 들었다. 당시 나는 그 기사를 읽고 놀라움을 넘어 '드디어 여기까지 왔구나'라는 생각을 했다.

지금 친일파는 우익 보수주의란 간판으로 무장하여 친일 외세 의존의 반민족 기득권 고수를 꾀하고 있다. 그런데 실상 한국의 자칭 보수주의는 반민족성 때문에 민족과 조국이 없는 이상한 보수이고 우익이며 반공이다. 한국식 보수주의라고 할까? 박정희가 '한국적 민주주의'라고 했듯이 말이다.

이미 1965년 박정희의 굴욕 매국외교였던 한일협정 이래 한국의 수구는 일본의 극우와 친선·유대관계로 유착되어 왔다. 지금은 연합전선을 탄탄히 구축해서 공동의 전선에 나서고 있다. 우리는 이 점을 반드시 주목해야 한다.

2부
끝나지 않은 친일과 독재의 시대

1. 개혁이 필요한 서민이 개혁의 주체가 되자

양심과 사상을 통제하는 기묘한 자유민주주의

10년 전에 스크랩한 다음의 기사를 보며 "아직도 우리는 근대 이전에 살고 있구나" 하며 나도 모르게 한숨을 쉬었다.

> 북한의 문예 서적을 발간코자 한 출판사 대표를 검찰이 검거. (『한겨레』 1994년 9월 14일자)

> 학문을 목적으로 하는 용공서적 소지는 국가보안법 위반되지 아니한다는 대법원 판결. (『한겨레』 1994년 9월 15일자)

그 후 10여 년이 지난 2005년 3월 16일자에는 국가보안법 위반으로 재판을 받던 대학 교양 교재 『한국사회의 이해』가 11년 만에 대법원으로부터 무죄 판결을 받았다는 기사가 실렸다. 위 기사를 보고 기뻐해야 할지

탄식해야 할지, 여러분 스스로 생각하라.

우리 헌법에는 학문·예술·양심의 자유가 당당하게 규정되어 있다. 그러나 현실은 어떠한가?

5백만 부가 넘게 팔린 소설『태백산맥』은 국보법 위반과 출판물에 의한 명예훼손 등으로 1994년 고발된 후 11년 만에 "국보법 위반 혐의 없다"는 무혐의 판결을 받았다.

소설가 한 명이 초조하게 애태우며 자신의 문학작품을 두고 유죄냐 무죄냐를 따지는 불안 속에 11년을 보내야 한 우리의 현실이 께름칙하다. 그래도 혐의를 벗고 징역살이를 면했으니 감지덕지해야 할까? 우리는 아직도 시민사회 이전 상태에서 헤어나지 못하고 있다. 사상과 양심을 권력자(관리)가 조정, 통제하는 사회에 살고 있다.

1961년 박정희 쿠데타 이후 '반공국시 1호'에 따라 용공분자라고 하는 혐의를 받은 사람은 일제히 검거, 투옥, 처벌당하는 살벌한 시대가 열렸다. 그 이전에도 빨갱이 딱지가 붙으면 목숨이 보장되지 않기는 마찬가지였지만, 다시 그 매카시즘 칼바람이 거세게 불어 닥친 것이다.『민족일보』논설위원을 하던 이상두는 사회문제로서 매춘을 빈곤문제와 관련해 다룬 사설을 발표했는데, 유물론적 발상이자 빨갱이 논조라고 해서 징역살이를 하였다.

진짜 매춘과 빈곤문제를 다룬 독일 사회주의자 아우구스트 베벨(August Bebel)의『여성과 사회주의』란 책이 일제시대에 치안유지법 위반의 증거 물건으로 압수되어 법원 창고에 보관되어 있는 것을 1950년대 초에 대법원 도서관 창고 안 먼지 구덩이 속에서 본 일이 있다. 지금도 이 책은『여성론』이란 제목으로 유명 출판사에서 발간되고 있다.

그렇다고 이 책이 국가보안법 위반 소동에 걸려들었다는 말은 못 들었다. 아마도 제목이 『여성론』이기 때문에 검열관의 눈에 띄지 않은 모양이다. 검열이 제도로서 엄연히 존속하는 나라에서 볼 수 있는 일이다. 하긴 세계에서 제일 먼저 칼 마르크스의 『자본론』이 번역 출판된 나라는 19세기의 러시아 제국이었다. 검열관이 무슨 내용인지 알아볼 수 없어서 출판을 허용했기 때문이었다.

물론 사람이란 불교 성전을 읽는다고 해서 당장 부처님 제자가 되거나, 마르크스의 『공산당선언』을 읽고서 금세 마르크스주의자가 되는 것은 아니다. 흔히 무지막지한 탄압자는 위험 서적을 금지하면 위험 사상을 방지할 수 있다고 착각한다. 독재자나 폭군은 사람의 생각에 무지라는 굴레를 씌워 놓을 수 있다고 망상한다. 사람의 생각을 어떤 틀에 강압적으로 맞추어 놓으려는 폭거는 역사에서 숱하게 반복되어 왔다.

그것을 어리석고 해로운 일이라고 해서 금지하고, 사람의 인격을 존중하도록 제도를 마련한 것이 자유민주주의이다. 그런데 기묘한 것은 자유민주주의를 지키고 실현한다면서 사상을 탄압하고 있으니, 현대의 역설적 모순이고 문명의 수치가 아닌가?

또 다른 예를 보자.

김대중 정부 시대에 대통령정책기획위원회 위원장 최장집 교수는 자신의 저서에서 한국전쟁을 민족 해방전쟁이라고 기술했는데, 수구 우익 언론은 최 교수가 북한 측을 지지·동조·찬양했다고 연일 뜯고 할퀴고 빨간칠을 했었다. 결국 그는 자리에서 쫓겨났을 뿐만 아니라 검찰의 조사를 받아야만 했다.

1998년에 우익 인사가 그를 고소·고발한 이 사건은 2005년 3월에야

무험의 처분을 받았다. 참으로 기막힌 일이 아닐 수 없다. 아직도 우리가 사는 세상은 자신이 생각하는 일에도 몸조심해야 하는 세상인 모양이다.

우리는 아직도 우민(愚民)인가?

양심과 사상을 통제하는 제도가 존립하는 이유는 무엇인가? 우리는 아직도 스스로 판단하고 생각해 결정하는 자주적 인격체가 못되는 우민(바보)의 수준밖에 안 된다는 것이다. 원래 권위주의적 인간관에 따르면, 일반 서민은 어리석기 때문에 생각이나 신앙 등을 지배자인 권력자나 그 대행자인 관리가 검열, 선도해야 한다며 각종 통제를 해왔다.

과거의 권위주의뿐만이 아니고 현대의 파시즘을 비롯한 권위주의도 그러한 우행(愚行)과 기행(奇行)을 되풀이하고 있다. 우리의 사정은 어떠한가? 오늘날까지 각종 국가기관이 우리가 스스로의 어리석음으로 말미암아 죄를 짓는 것을 방지하고자 사상과 양심을 감시, 감독, 통제하고 있다.

그러한 공적 권한을 행사하는 국가기관은 다음과 같다.

정보공안기관(국가정보원과 국군기무사령부 등)
검찰과 공안자문위원회
경찰과 공안문제연구소
간행물심의위원회

위에 든 것 이외에 민간기관이나 관변단체로 위험 사상을 감시, 박멸하는 어용기관과 각종 단체가 있다. 여기에는 일부 종교단체도 애국적인(?) 열의로 협조해 왔다.

악한 자는 흥하고, 선한 자는 망한다!

양수정은 박정희의 쿠데타 후 매카시즘의 사나운 칼춤이 벌어지고 있을 때에 결국 『민족일보』 편집국장이라는 직책 때문에 징역살이를 했다. 징역에서 풀려나며 붓을 꺾기로 결심하고 마지막으로 쓴 책 『한강』(1967년)에서 그는 다음과 같이 세태를 풍자했다.

> 악한 자는 망하고 선한 자는 흥한다는 신화가 있다. 악한 자는 흥하고 선한 자는 망한다는 현실이 있다.

왜 그러할까? 지금은 박정희나 그 추종배였던 신군부의 지배는 끝난 시대다. 그런데도 그 찌꺼기가 제도나 이데올로기는 물론 일부 관료와 기득권 부류를 통해서 살아 있다. 그저 살아 있는 정도가 아니라 그 위세와 위력이 대단하다. 최장집을 쫓아내고, 국민 작가라는 조정래를 물 먹이고, 교수를 소추해 10년을 괴롭혔다. 그뿐이랴! 그 이상의 정치와 제재를 해오고 또 여전히 할 수 있다는 것을 더 이상 말해 뭣하랴!

서민에게 법치주의란 무엇을 뜻하는가? 어느 공안기관의 고문 기술자의 말마따나 "법치주의 좋아하네. 법은 고문하는 내 손아귀에 있어. 야, 이 새끼야" 하는 말이 오히려 실감나는 경고인지 모른다.

'바보놀이' 공화국의 굴레에서 벗어나자

법을 평생토록 공부해 오는 사람으로서 대단히 부끄러운 일이지만, 여전히 법은 권세자와 부자 그리고 악인의 것이다. 권세가 없는 자에게 관청 문턱은 여전히 높기만 하다. 송사한다고 드나들어 봐야 헛일이다. 돈이 없으면 법을 살 수 없다. 그래서 법은 부자 편이다. 법제에도 구멍이 있는데 그것을 최대한으로 활용하는 것은 법 없이도 살 수 있는 착한 사람이 아니다. 악인의 차지가 될 뿐이다. 이것이 법률제도의 현주소이다.

이런 '바보놀이' 공화국의 굴레에서 벗어나야만 한다. 개혁다운 개혁을 해야 한다.

그런데 개혁을 가장 필요로 하는 서민은 스스로가 나서지 않고 높은 사람이 개혁을 해주길 바란다. 개혁을 추진하는 데 앞장서야 할 정치인은 몸을 사리며 '상생과 관용'이란 도피처를 이미 마련해 두고 있다. 개혁의 문제를 조리 있게 따져야 할 지식인이나 언론은 너무 약삭빠르고 똑똑하기 때문에 미련한 짓을 안 한다.

개혁으로 인해 구기득권이 흔들릴 위험을 안고 있는 부류는 개혁을 좌경이고 친북이라고 몰아치고 있다. 그들에게는 아직도 매카시즘이라는 도깨비 방망이가 손아귀에 쥐어져 있다. 그러니 그것을 쓰지 않을 이유가 없다.

우리의 길은 어디서 찾아야 하는가? 이에 대한 정답을 똑똑하고 힘 있는 어른에게서 얻으려고 하지 말아야 한다. 원래 그들이 제시하는 정답은 그들에게만 정답이기 때문이다. 이것은 수십 년 간의 경험이 말해 주는 교훈이다.

결국 우리 스스로의 일로 우리에게 다시 돌아온다. 원래 정답이나 묘책이라는 것은 당초부터 정치에는 없는 것이다. 주인이 주인 행세를 하는 것으로부터 실마리를 풀어가는 것이 정답이라면 말이 된다. 헌법의 원리를 우리 것으로 하는 일이다. 이 나라는 친일파나 그 부패 아류의 것이 아니다. 나라의 주인은 국민인 우리다. 이것이 정답 찾기의 길이 아닌가?

2. 정보 공작, 청산해야 할 독재의 잔재

"정치는 살인으로부터 시작된다"

　독일의 전후파 시인 엔첸스베르거(Hans Magnus Enzensberger)의 『정치와 범죄』라는 책이 있다. 해적판 번역이 나돌던 시절인 1980년에 이 책을 어느 출판사에 소개해 번역해 내도록 주선한 일이 있다.
　이 책은 첫머리에 "정치는 범죄와 살인으로부터 시작됐다"라는 말로 시작된다. 내용도 솔직하고 직설적으로 정치의 병리를 파헤쳐 패전 후 독일의 나치스 잔재 청산에 새 바람을 불어넣은 책이다.
　그런데 전두환 군부는 이 책을 아주 못마땅해 했다. 어떤 압력을 가했는지 출판사가 자진 회수하여 처분해서 그 책은 흔적을 감추었다. 좋은 책을 주선해 주어서 고맙다던 출판사 사장은 태도가 돌변해 나와는 영영 인연을 끊었다.
　사실 솔직하게 말해서 정치 권력은 법률이란 틀을 이용해서 사람을 죽이고 남의 재물을 몰수도 하는 강제 장치이다. 자유주의시대의 논자들은 그러한 권력의 생리에 대해서는 일찍이 '필요악'이라고 단정해 최소화시키는 것을 목표로 했다.

그렇지만 불완전한 사람이 함께 살아가는 데는 '악'이 있어야만 하는 것이 숙명이다. 모든 사람이 성현(聖賢)이나 천사가 아니기 때문이다. 그래서 권력을 다루는 정치와 그 정치를 하는 인물이 어쩔 수 없이 필요하다.

따라서 어떤 인물이 정치인이 되어야 하는가를 열심히 따져보게 된다. 그리고 누가 권력을 장악하는가에 따라 세상 사정은 달라진다. 이제까지 친일파가 자칭 반공 애국을 한다고 칼부림을 하며 자기 부류의 부귀영화를 누려 와서 우리의 정치 꼴은 엉망이 되었다. 지금 그런 잘못된 과거를 바로잡자는 것이다.

쿠데타로 권력을 잡고 자기 이득을 취하려고 마구 밀어붙여 행패 부리는 권력 남발을 정치라고 착각한 칼잡이들 때문에 국민이 얼마나 시달려 왔는가? 그런데 아직도 그 잔당은 퇴장을 거부하며 과거의 민주 반역자인 쿠데타 주범을 미화하고, 폭정의 시대를 요순시대처럼 지껄이고 있다. 바로 그런 분위기 속에서 정보 공작의 범죄상이 그대로 묵인되고 있다.

군사정권 3대에 걸친 대통령이 '정보장교' 출신

한국 군사독재자의 몇 가지 특징을 정리해 본다.

첫째, 박정희나 신군부 정권의 전두환, 노태우 등 모두가 정보장교 출신이다.

둘째, 박정희가 일제하 골수 '친일파'라면 전두환, 노태우도 못지않게 그러한 성향을 계승한 '신판 친일파'이다.

셋째, 이들은 정치와는 인연을 가져선 안 되는 자들로서 반란죄의 주모자들이다(물론 그 군사반란과 내란의 죄로 유죄 판결을 받은 것은 전두환과 노태우이고, 박정희는 피살되어서 그러한 기회를 놓치고 말았지만 말이다).

정보 공작에 의한 이승만 시대(1948~1960년)의 정치는 주로 군방첩기관(CIC)과 경찰(정보기관)이 주도했다. 정치 공작과 관련해서 떠오르는 이 시대의 상징적 인물은 일본제국주의 관동군 헌병 출신 김창룡과 친일 경찰 관료 출신인 이익흥이다.

일찍이 김구 암살 사건에도 깊숙이 연루된 김창룡은 특무대장으로 공산당 색출과 군대 내 적색분자 제거에 공헌하여 이승만의 절대적 신임을 얻었으나 군계파 암투로 허태영 대령에게 암살당했다.

이익흥은 내무장관으로 막후 정치 책략에도 능해서 사사오입 개헌의 묘책을 짜낸 책사이다. 물론 그는 아첨에도 일급이어서 이승만이 방귀를 뀌면 "각하, 시원하시겠습니다"고 아부했다고 해서 당시 신문에 오르내렸다. 그러나 그는 천수를 다해서 말년을 편안히 보냈다. 죽은 후에는 전직 내무장관이란 예우를 받아 후한 장례를 치르기도 했다.

우리 사회는 역사의식이 마비돼서 전직 감투로 모든 것이 평가되어 어떤 일을 했든 따질 것 없이 높은 감투만 쓰면 명사 대접을 받고 사회 지도급으로 행세하는 이상한 사회이다. 그래서 친일파나 독재 충복들인 민족의 죄인들이 살기 좋은 사회다.

어쨌든 이승만 시대에 친일파 주도의 정보 공작에 의한 지배는 신군부로까지 이어져서 아직도 우리 사회를 지배하는 망령으로 떠돌고 있다.

정보정치의 병폐 제1호

독재 권력의 가장 추악한 첫 번째 병폐는 정보기관이 정치 각본을 쓰고 그 연출과 감독까지 도맡아 한다는 점이다. 앞서 이승만 이후의 군정 독재자 세 명이 모두 정보장교 출신이란 지적을 했지만, 이승만도 첩보공작 기관과 아주 무관하지는 않다.

이승만은 2차 대전 당시 미국 중앙정보부의 전신인 전략첩보국(OSS)에서 대령 대우를 받고 복무했다. 물론 항일운동의 일환으로 그랬다고 하지만, 해방 직후부터 이승만이 만만치 않은 정계 공작 수법을 발휘한 배경을 짐작할 수 있다.

그런데 여기서 분명히 해두어야 할 것이 있다. 우리가 정보기관의 정치 공작이 잘못되었다고 하는 것은, 그것이 합법이란 룰을 파괴하면서 민주주의 제도 자체를 유린하고 말살하는 것이기 때문이다.

정보공안기관이 본래의 업무에 전념하면 아무 문제가 없다. 그러나 특정 인물이나 당파 또는 군부정권을 위해 모략, 암살, 납치, 고문 등 불법적인 수법으로 국민의 생명까지 침해하기 때문에 문제인 것이다. 정부 속의 정부로서 만능적 무법자가 되어 어떤 통제도 받지 않고 막강한 힘을 남용하는 것이다.

여기서 1961년 박정희 쿠데타 이후의 행적을 보자. 중앙정보부는 정치 활동을 일체 금지시킨 법제를 스스로 위반하면서 비밀 지하 조직을 통해 박정희의 정당을 준비했다. 그리고 이 정치 음모를 위한 자금을 뜯어내기 위해 '4대 의혹 사건'이라는 국가기관 주도의 범죄를 자행했다. 일본제 자동차 밀수와 워커힐 호텔 특혜, 증권파동과 일제 도박기 '파친코' 수입

등 스캔들로 유명하다.

그뿐인가? 각종 공직선거에 개입한 것은 어떠한가? 중앙정보부장으로 대통령선거를 치른 김형욱의 회고록을 보면, 만일의 사태로 선거 결과가 불리해질 경우까지 대비한 사전 음모를 했다고 한다. 선거 각본도 '짜고 치는 고스톱' 이었다.

보안사령부의 창작품인 신군부 정치

군정보기관의 실력자 전두환은 박정희를 살해한 김재규를 제압하고 쿠데타로 정국의 주도권을 장악했다. 그래서 신군부 집권 초에는 실권이 중앙정보부에서 군정보기관인 보안사령부(현 기무사)로 넘어갔다.

'민주정의당'의 산모는 보안사령부였다. 보안사령부의 이상재 준위는 비록 소위 밑의 계급에 불과한 실무자였지만, 정당을 만들고 언론기관을 통폐합하는 등 모든 주요 정치 공작을 기획하고 지휘한 주요 멤버였다. 그는 민정당 국회의원이 됐다.

실세로 부상한 보안사령부는 1980년대에 이미 개헌 작업을 감시, 감독하기 시작했다. 뿐만 아니라 국회를 해산하고, 쿠데타 후의 통치기관인 국가보위입법회의를 설치 운영하였을 때에 주로 그 각본을 짜고 연출을 총지휘했다.

예를 들면, 방송사를 접수하는 공작에서도 보안사 요원이 방송사 사장을 면담한 후 백지에 도장을 받아서 처리한 것은 다들 알고 있는 이야기가 아닌가?

노태우가 대통령을 하던 시절에 보안사의 선거 개입 폭로 사건 이외에 아주 중대한 흑막의 폭로는, 1990년 윤석양 병사의 보안사 민간인 사찰 폭로 사건이다. 군정보기관인 보안사령부가 민간인 1300여 명을 정치 사찰해 기록한 디스켓을 윤석양 병사가 반출, 폭로한 것이다.

이미 전두환의 군부 공작이 보안부대를 배경으로 이루어진다는 것은 1980년 당시에 드러난 사실이다. 그런데 민간의 유력 인사를 감시하는 정보 공작이 계속되고 있다는 소문이 사실로 밝혀진 것이다.

신군부 집권 당시 외신은 보안사 등 군정보기관이 만일의 사태가 발생하였을 때에 긴급 검거, 처리할 인원이 얼마라는 소문을 보도했다. 군사 통치하에서 군정보기관이 블랙리스트를 작성한다고 하는 것은 능히 있던 일이었다.

디스켓 내용이 폭로된 이후 사찰 대상이었던 인사가 국가배상 사건에서 승소하여 몇억 원의 배상금을 받았다. 그는 당시 그 배상금으로 인권센터를 만들었다.

그 뒤에 군정보기관은 보안사령부에서 국군기무사령부로 이름까지 바꿨다.

CIA의 암살 대상 1호는 김구 선생

미국 중앙정보부는 몇 차례에 걸쳐 쿠바의 수상 카스트로를 암살하려다가 실패했다. 그러나 체 게바라는 미국 CIA의 공작이 성공해서 살해되었다.

우리의 과거를 보자. 박정희 시절의 김대중 납치, 전두환 군부의 김대중 내란죄 날조에 의한 사법 살인의 각본 성공과 질적으로 무엇이 다른가?

국가기관이 범죄 주체가 되면 면책이 되는가? 2차 대전 이후 나치 범죄를 재판한 뉘른베르크 법정은 나치 범죄의 집행자나 상관의 명령을 이행한 자도 면책이 안 된다는 원칙을 명백히 세웠다. 다시 말하면 '악법은 법이 아니다'라는 원칙과 상관의 명령이라도 불법, 부정한 것에 복종한 자는 처벌받는다는 책임 원칙을 확인한 것이다.

미국의 예를 보면, 정보기관이 외국 지도자 암살에 대해 그 경과를 조사 평가하여 진상을 파악하고 책임 소재를 가리며 향후 시정해야 할 대책을 세운다. 미국과 우리가 다른 점이다.

박정희 폭정이 절정에 달했을 때인 1976년 『중앙일보』가 발간하는 월간지 『월간중앙』 2월호를 보자. 놀라지 마시라. 기사 제목이 「CIA 외국 지도자 암살 계획 – 미상원조사특별위원회보고서」이다.[19]

우리 국회도 김대중 시대에 '김대중 납치살해 미수 사건'을 조사해서 과거청산의 실적을 내 민주화에 기여할 기회가 있었다. 그러나 아무 일도 못했다.

미국 국무성 전직 관리였던 윌리엄 브럼은 『불량국가』에서 미국 정보기관의 외국 지도자 암살 명단을 밝히고 있다. 이 책 38쪽부터 연도별로 수록되어 있다. 놀랍게도 암살 대상 1호로서 한국의 지도자 김구 선생이 올라 있다.[20] 같은 저자가 쓴 『미군과 CIA의 잊혀진 역사』라는 책에도 CIA의 암살 대상자 명단이 연도별로 수록되어 있고, 마찬가지로 김구 선생이 암살 대상 1호이다.[21]

미국상원조사보고서가 암살 폭로란 가치 이상으로 주목되는 것은, 장래 암살을 금지하도록 공식 결의하며 시정책을 강구하고 있기 때문이다. 민주국가라고 한다면 이 정도의 과거청산 작업은 있어야 하지 않겠는가?

아무리 국가기관의 정보 공작이라고 해도 법률을 초월한다는 법리가 통할 수는 없다. 국가기관의 살인을 합법화하는 것은 전쟁이나 그에 준하는 사태 그리고 공무로서 법원 판결에 따른 사형 집행 등 예외적인 경우이다. 범죄 수사 과정에서 고문이나 학살 등도 금지되어 있다. 더구나 정치적 반대 인사나 다른 나라의 지도자를 납치 살해하는 것은 정보기관의 공작으로 합법화될 수 없다.

정의가 없는 권력은 도적의 집단일 뿐

권력 주체인 국가(정부)는 폭력 장치를 독점 관리한다. 그 폭력 장치는 법률 적합성이라는 요건을 갖추어야만 행사될 수 있다는 약속을 국민과 하고 있다.

중세 가톨릭의 성자 어거스틴은 "나라(정부)에 정의가 없으면 도적(강도)의 집단"이라고 말했다. 국가 권력은 합법성이란 정의의 보증이 없으면 벌거벗은 폭력 이외에 아무것도 아니다. 그것은 폭력이고 살인이며 범죄다. 그에 대해선 이미 민중 스스로가 저항권을 행사해서 자기 구제와 자체 방어를 할 수 있는 권리를 확인해 오고 있다.

17세기 영국 명예혁명을 변호한 로크의 『시민정부론』은 그 이론과 사상의 고전이며, 18세기 시민혁명과 2차 대전 후 독일 헌법에는 저항권을 명문으로 보장하고 있다. 1776년 미국 독립선언과 1789년 프랑스 인권선언 그리고 2차 대전 후의 독일 각 주의 헌법과 연방헌법의 저항권 조항을 보라!

　우리가 군정의 폭정을 정통성이 없는 반역으로 용서할 수 없는 것은 그것이 정의를 결여했을 뿐만 아니라 정의를 유린한 폭력으로서 국민의 적이었기 때문이 아니었던가? 특히 정보 공작이라는 공포의 시대를 열어 인간성을 유린, 황폐화시키고 무수한 사람에게 피눈물의 비극을 강요한 범법을 자행해 나라 전체를 감옥으로 만들었기 때문이 아니었던가? 이 독재의 악질적 잔재를 청산치 않고서 무슨 민주주의와 인권을 말한단 말인가?

3. 일본 극우와 한국 친일파, 그들의 공생관계

5·16쿠데타의 비밀과 정체

쿠데타 주범들은 처음부터 쿠데타를 '혁명'이라고 떠들어 댔다. 집권에 성공한 후에는 헌법에까지도 '혁명'이라고 써넣어서 세상을 웃겼다. 그들이 아무리 혁명이라고 우긴다 해도 그것이 군사반란이며 내란이라는 사실이 변하는 것은 아니다.

기존 헌정 질서를 뒤집어엎고 새로운 정치 질서를 창출한 혁명이라면, 그것이 민주주의가 아닌 것은 분명하고 그야말로 국가전복죄의 행위이다. 그런데 정치군인의 시도는 개인적 불평불만과 야심에서 발단한 불법적 권력 장악이었다.

그러한 행위는 민주주의와는 인연이 없다. 결국 반공을 간판으로 건 군사 파시즘으로 라틴 아메리카식 권력 게임이었다. 나라가 병들고 망해도 더럽게 망하게 되는 군부 집권이 한국에서 일어난 것이다.

그런데 처음부터 풀리지 않는 수수께끼가 있다. 군대에 대한 전권은 미군사령관이 장악하고 있는 것이 당시의 현실이다. 그런데 어떻게 일개 소장이란 자가 기존 편대에서 군부대를 뽑아내서 쿠데타를 할 수 있었을까?

당시 미군사령관도 강경하게 원대 복귀를 시키지 않고 몇 마디 떠들고만 것도 이상하다. 이미 미국도 쿠데타를 인정한 것이다. 이런 군대 규율과 군체제가 어디에 있는가?

미국 중앙정보부(CIA) 부장을 역임한 앨런 덜레스는 영국의 BBC 방송에 출연해서 그가 재임 중 가장 성공한 정치 공작은 한국의 5·16쿠데타라고 했다.[22] 이 무슨 말인가? 그 진위는 다시 조사해야만 한다.

여기서 표면에 나타난 사실을 두고 살펴보자.

박정희는 일본제국의 괴뢰국 만군장교였다가, 1945년 일제 패전 이후 국방경비대 시절에 180도 전환, 남조선노동당 군사부장으로 밀령을 받고 국방경비대에 침투하여 공작을 하던 중 1948년 그 사실이 드러나 무기징역을 선고 받았다. 그 후 군에서 불명예 제대를 했고, 육군 정보실 문관으로 무급 근무를 하게 된다. 1950년 전쟁이 발발하자 군에 복귀, 장군까지 돼서 1961년에 쿠데타로 최고 권력자 자리까지 올라갔다. 이상이 쿠데타 주범의 간략한 경력이다.

1963년 대통령선거운동 당시 윤보선 후보가 박정희의 공산당 프락치 전력을 문제 삼았다. 그러나 그는 오히려 그것을 매카시즘적 모함으로 몰아쳐 동정표를 얻었다.

그 이후 박정희는 한 번도 전향 의사를 밝혀 의혹을 해소하는 태도 표명을 한 적이 없다. 보통 사람은 박정희가 공산주의자였다는 사실조차 모른다. 물론 그가 죽을 때까지 드러낸 주요 행적은 친일파인 야심가로서 행세한 것이다.

한국의 친일파는 '보수·우익'인가?

(1) 일본 극우의 파트너로서 친일파가 일본 극우와 다른 점

일본 극우나 우익은 나치스처럼 민족주의적 정서를 당연히 띠고 있다. 우익의 특성 가운데 하나가 대개 민족주의적 성향을 띤다는 것이다.

그러나 한국 친일파는 아무리 '우익'이라고 자처해도 민족 반역자이고 매국노의 계보를 이어 오고 있을 뿐이다. 외세 상전에 종속된 자이기 때문에 민족애나 조국에 대한 충성심이 없다. 이것이 근본적으로 다른 점이다. 스스로가 주인이기를 애당초 포기한 자들이다. 한국 친일파들에게서 자존심과 긍지를 느낀 적이 있는가?

(2) 친일파는 보수주의자인가?

한국에서 '보수주의'란 말은 서양의 관념을 표준으로 해보면 보수주의가 아니다. 기득권을 고수하려는 친일파가 지키려는 것은 보수주의의 대표적 이론가 에드먼드 버크(Edmund Burke)가 말하는 귀중하고 자랑할 만한 전통과 제도의 보수가 아니다.

원래의 보수주의는 자랑할 만한 전통과 역사적 제도의 발자취를 쫓으며 인간의 시행착오를 겸허하게 받아들이는 데서 오는 교훈을 따르고, 사회를 이성적 개인의 집합으로 보기보다 유기적인 전체로 가정해서 적응할 것을 주장한다.

그런데 친일파의 보수는 그런 것이 결여된 채 부정하게 축적한 재산을 기반으로 한 기득권을 고수하려는 것이다. 특히 독재 권력에 기생하며 그 파수꾼 노릇을 함으로써 자기 자리를 찾고자 하는 것이기 때문에 설득력이 없다. 그래서 결국 "말이 많으면 빨갱이"라는 매카시즘적 우격다짐으로 밀어붙여 온 것이다.

(3) 한국의 반공은 자유민주주의를 고수해 왔나?

한국의 반공은 친일파 집권과 그 시대의 기득권 질서를 고수하기 위해 매카시즘으로 밀어붙였다. 결국 무리한 관권 동원과 사조직의 테러리즘 동원이란 양면 작전을 감행했다.

한국 친일파는 반공을 내세워 자유민주주의의 핵심인 인간의 생명권과 개인의 존엄성 존중을 비롯해 인격 주체로서 각자의 사상·신조·양심·세계관의 자유를 철저히 유린했다. 일제 치안유지법 체제의 잔재를 고스란히 물려받았다.

그리하여 좌익적 신조를 지지한다는 혐의를 받게 된 자들은 철저히 차별했고, 고문과 학살도 서슴지 않았다. 대표적 사례가 빨갱이 혐의자에 대한 무법적인 집단 학살이다. 한국은 20세기에도 특정 이데올로기를 믿는다는 혐의를 받았다는 이유로 사람을 죽이는 무법이 통용된 나라였다.

(4) 좌익 혐의자 학살 등은 불가피한 예외 상황이었나?

공권력이나 공권력이 묵인한 사적 폭력이 아무리 예외적 상황에서라도 법률에 근거가 없이 사람을 살해하는 것은 인정할 수 없다. 어떤 변명도 결코 용인될 수 없다.

설령 그런 일이 일시적 실수라고 한다면 매카시즘이 60년을 지속해 오는 것은 일시적 상황이 아니라, 일상적 상황 아닌가?

일본 극우의 군국주의 선전물과 친일파의 정신 구조

박정희가 이승만 시절의 친일파와 다른 것은 노골적으로 일본 극우와 거래를 한 것이다. 정계와 관료계뿐만이 아니라 경제·문화계의 유착이 더욱 깊숙하고 단단하게 맺어졌다.

박정희 이후에도 친일파와 일본 극우의 연대는 절대로 흔들림이 없었다. 여기서 일본 극우의 실태와 한국 친일파의 공생 구도를 살펴보자.

(1) 일본 집권층은 패전 후에도 지배 실세

일제는 패전 후 일시적으로 군대 해체와 특무기관 정비 등의 손질과 함께 일부 민주 개혁도 있었다고 하지만, 침략전쟁을 일으킨 집권 세력의 뿌리는 그대로 남아 집권의 주도 세력으로 유지되었다. 이 점은 해방 후 계속해 친일파가 주도 세력이 되어 온 우리 역사와 동일하다.

(2) 일본 지배층의 지정학적 전략론

나카소네가 정치의 스승이자 자문으로 가장 높게 인정한 것은 세지마 류조와 오카사키 히사히코이다.

관동군 참모 출신인 세지마는 국내 정치 총자문 역이고, 오카사키 전 대사는 대외관계의 전략가로 인정한다. 오카사키 히사히코가 쓴 『전략적 사고란 무엇인가?』는 지정학적 전략론으로 영·미 해양 세력과 손을 잡아야 일본이 번영한다는 것이 요지이다. 일본이 영·미 제국주의의 극동 헌병 보조원 역할을 해서 조선을 문호개방하고, 청일전쟁에서 청나라를 꺾어서 중국에 대한 서구의 기반을 굳혀 주고, 러시아의 남진을 영·미 제국의 지원으로 물리쳐 주었기에 강국이 되었다는 것이다. 그러나 1차 대전 후 영·미와 대립한 것은 큰 실책이란 것이다.

(3) 한국 친일파의 세뇌용 선전물

신판 친일파의 대표 주자라 할 만한 오선화는 『반일하는 한국에 미래는 없다』고 하는 협박성 궤변서까지 내고,[23] 그러한 3류 이하의 출판물은 조영남의 빈곤한 내용물로 꾸며진 친일 찬양론과 함께 일본 극우의 귀여움을 받고 있다.

일본 극우의 일선 선발대 역할을 자담하고 나선 것은 구로다 가쓰히로 『산케이신문』 서울지국원이다. 한국의 외국 서점가에는 그의 지저분한 책이 널려 있고, 그를 국영방송에서 모시고, 어느 대학에서는 강사로 초청하기까지 한다.

그런 기류 속에서 시모조 마사오(下條正男)의 『독도(죽도)는 한·일 어느 쪽의 것인가』[24]라는 책이 나와서 진열되고 있다.

더욱 놀라운 것은 일본 극우를 대변하는 이시하라 신타로 도쿄 도지사의 『일본의 힘』[25]이라는 책이 한국 친일파의 눈길을 끄는 모양이다. 그는 신헌법인 민주헌법 제정 발표로부터 무성격의 나라가 되었다고 한탄하고, 그와 함께 대담한 다하라 소이치로(田原總一郎)는 태평양전쟁은 자위를 위한 전쟁이었다며 침략전쟁을 정당화하고 있다.

그뿐인가? 나카가와 야스히로(中川八洋)는 『일본 핵무장의 선택』[26]이란 책에서 북한에 대한 핵폭탄 공격을 제안한다.

한국 친일파에게 많은 영향을 끼친 나카소네 야스히로는 『일본의 총리학』[27]이란 지도자론에서 패전은 일본의 최대 굴욕이라 말하며 헌법 개정을 통한 일본 재무장을 주장한다. 침략전쟁에 대한 반성은 없고 세계 일등국이 되어 복수할 것을 제안한 것이다. 그리고 이미 그러한 개헌은 수순을 밟고 있다.

국제관계의 철칙 — 인정이 아니라 필요에 따른 거래

한국의 친일파나 그 아류는 미국이 없으면 당장 망한다고 생각하고 있다. 그래서 미국과 손잡고 있는 일본 극우와의 연대가 끊어지면 국제적 고아가 될 것이라고 걱정한다.

그러한 전제 아래 미국이나 일본과의 관계에서 우리의 입장을 고집하다가 갈등을 빚게 되면 그것은 돌이킬 수 없는 화를 자초한다고 하며, 그런 행태는 친북, 용공, 좌익이라고 소리 지르고 있다. 그러나 국제관계는 나라마다 자기 국익에 따라 처리된다. 우리가 아무리 미국과 일본을 짝사랑한다고 해서 봐주지 않는다.

우리는 국제관계에서 냉철하고 슬기롭게 단합된 힘으로 타개해 나가야 한다. 그런 과정 속에서 다른 나라와 협상도 하고 압력도 가하며 절충도 하는 것이다. 우리는 너무나 순진한, 아니 백치에 가깝게 스스로를 무장해제한 채 특정 외세에 의존함으로써 실수를 했던 과거가 있다.

오늘날 우리는 아픈 과거를 거울삼아 외세에 의존하려는 친일파들의 무책임하며 민족 반역적인 행태를 용납해서는 안 될 것이다.

4. 야스쿠니 참배가 왜 죄악인가?

세계를 불행으로 몰아간 황국사관의 망령

일제 군국주의가 온갖 잔인무도한 반인륜 죄악으로 일본 대중을 몰아갈 수 있었던 비결은 무엇일까?

러셀은 그의 에세이집 『인기 없는 글모음』이란 책에서 인류에게 가장 해로운 사상은 '광신(狂信)'이라고 했다.[28] 러셀의 말을 빌리면 "사람이나 나라를 사로잡는 가장 해로운 망상은 그들 스스로가 신의 의지에 따르고 있다고 상상하는 것"이다.[29]

예로부터 종교적 광신이나 세속의 탈을 쓴 현대의 광신이 모든 전쟁과 파괴를 선동하는 화약 구실을 해오고 있다. 일본제국주의의 이름으로 무고한 아시아 민중을 학살한 실행범도 알고 보면 귀여운 아들이고, 착한 아버지이기도 하고, 어느 여인의 정든 애인들이었다.

그러한 젊은이에게 강간, 파괴, 살육을 태연하게 자행하게 한 것은 천황의 명령을 따르라는 주문과 주술이었다. 그들을 사로잡은 광신적 천황

숭배가 이들을 살인마로 둔갑시켜 버렸던 것이다.

일본제국의 '신권천황제'는 역사를 위조한 황국사관에서 연유한다. 그런데 그것이 일본제국의 국가 이념이 되어 왔기 때문에 제국의 신민(臣民)은 왕의 절대 명령을 따른 것이다.

우리가 신권천황제도와 그로부터 연유된 천황을 위해 죽은 영령을 제사 지내는 '야스쿠니 신사' 참배를 문제 삼는 이유가 바로 여기에 있다.

나카소네가 총리 재임 때 야스쿠니 신사 참배를 하며 극우파의 노선을 확고히 하면서 평화헌법 체제에 대한 거부 자세를 공공연히 드러냈다.

그 후 하시모도 류타로(橋本龍太郎)는 야스쿠니 신사 신도를 배경으로 하는 일본유족회란 극우단체의 힘을 빌려서 총재가 되고 총리가 되어 집권했다. 그러한 시류를 탄 모리 요시로(森喜郎)는 수상 재임 시 일본은 "천황 중심의 신의 나라"라는 황국사관의 신조 고백을 할 정도였다. 현 수상 고이즈미의 야스쿠니 참배는 그러한 군국 지향 시류에 편승하는 것이다.

그런데 여기에는 엄청난 체제 내 모순과 반역사성으로 인한 위험성이 있음을 경고하지 않을 수 없다. 지금도 아시아 민중에 대한 지배를 망상하는 전쟁국가 체제 지향은 아시아에서 용납되지 않을 것이다.

특히 일본국 헌법의 기본 원칙인 정교 분리와 국교제도 부인의 원칙을 위반하여, 자체 아이덴티티를 부정하는 역류가 일본 국가의 준법과 입헌 체제 자체를 유린하는 행위로서 스스로 시한폭탄을 안고 자는 격이 된다. 그리고 평화를 지향하는 일본 민중의 반발을 불러올 것이다.

우리는 일제 침략의 최대 피해자로서 일본의 국수주의적 군국화의 지향이 통일을 갈망하는 우리 민족에 대한 정면 도전이라고밖에 볼 수가 없다.

잔꾀 부리는 일본

1982년 일본의 역사 교과서 왜곡으로 인한 한국과 중국을 비롯한 동남아시아 국가의 반발 이후 일본은 그때그때 임기응변적 대응으로 고비를 넘기면서 회피해 왔다.

그러면서 1990년대에 와서는 더욱 노골적으로 군국화의 길을 표명하면서 법률체제를 정비하였고, 오늘날에 이르러선 정부 차원에서 더욱 노골적으로 수구에서 극우로 치달리고 있다.

얼마 전 고이즈미는 인도네시아에서 열린 제3세계 나라 모임에서 과거사에 대한 사과를 표명했다. 그러나 그것이 유엔 상임이사국이 되기 위한 말잔치라고 하는 것을 누군들 모르겠는가?

그러지 말라. 그런 잔꾀로 처리할 일이 아니다. 제국주의의 식민주의 시대가 끝나고 제3세계 민중이 들고일어난 것을 아직도 모르나? 그리고 예전 침략 시절에 아시아 민중을 속이려고 써먹던 '대동아공영권'이라는 유치한 기만극이 통한다고 보는가?

독도문제로 딴죽을 걸지 말라

먼저 나는 당장에 독도 분쟁 '불 싸지르기 놀음'을 그치라고 일본 정부에게 요구한다. 이미 다른 것은 고사하고 일본은 포츠담-카이로 선언을 수락하고 연합국에 무조건 항복했다. 그 선언에는 일본 영토의 범위를 본래의 위치로 확인한 것이었다. 그리고 그 국제 약속은 일본 정부가 1951

년 샌프란시스코 강화조약에서 다시 한번 확인했다. 그런데 어째서 침략 이득을 다시 챙기고자 하는 집념과 망상을 버리지 못하고 있는가?

일본 정부는 중국과도 해양 열도 분쟁이 있고, 한국에 대해서도 엉뚱한 도발을 하고 있다. 독도문제는 한일협정 당시에도 거론되었다고 하는데, 한일협정 교섭과 체결의 주역은 쿠데타 집단인 친일파로서 일본 군국주의의 동류이기도 하다.

여기서 우리는 1965년 미국의 변칙적인 개입 압력으로, 한국의 정통성이 결핍된 친일파 집권 세력을 이용하여 체결한 한일협정에 대한 재검토를 요구한다.

한일협정은 다시 체결해야 한다

1965년 한국의 군사정권은 한일협정이 굴욕외교란 지탄을 무릅쓰고 비상계엄령을 선포하여 군대를 동원한 탄압 아래 체결을 비준했다. 그로부터 벌써 40년이 지났다. 그동안 한국과 일본을 둘러싼 국제관계도 많이 달라졌다. 또한 사정 변경의 원칙에 따라 한일문제는 북측을 당사자로 해야 한다. 한국의 통일문제를 전제로 해야 할 필요성도 더욱 절실해졌다. 뿐만 아니라 기밀문서가 공개됨에 따라 잘못된 조약이란 점이 더욱 명확하게 드러났다.

더 이상 그냥 내버려둘 수 없게 된 것이다. 지금 북핵문제를 발단으로 한 6개국 회담과도 관련해서 일본 정부는 한일협정과 한국 통일문제에서 그 지향 노선을 평화적으로 정비하여 긴장 도발을 자제해야 한다.

여기서 미국과 야합한 일본 정부의 한국에 대한 정책을 거론하지 않을 수 없다. 일본은 한국 침략이나 대륙 침공을 개시한 명치 정부 시절부터 영국과 미국 두 제국주의 세력의 극동 헌병 보조원으로서 역할과 기능을 해서 군사국가의 위상을 공고화시켰다.

일본은 대북정책에서 긴장 도발과 적대적 공세에 앞장서는, 즉 또다시 가해자가 되려는 망상을 포기해야 한다. 우리는 엄숙하게 경고한다. 동아시아에서 다시금 전쟁 도발을 한다면 동아시아의 민중이 그것을 그저 방관하고만 있지는 않을 것이다.

그리고 미국이 세계 유일의 군사강국이라고 해도 절대적인 패권이 통할 수는 없다. 21세기에 미국 우월의 판도는 예전과 같은 미국제국주의의 군사력 만능으로 가능하지 않다. 전투에서의 승리가 곧 전쟁에서의 승리는 아니고, 무력 만능은 민중의 지지 없이는 허상이 된다는 것을 베트남 전쟁이 이미 알려주지 않았던가.

그리고 유사 이래 로마제국의 멸망을 보아도 알 수 있듯이 군사력 만능은 만능으로 통할 수 없다. 그리고 어느 정복자도 피정복 민중의 10%가 레지스탕스를 하면 통치할 수 없다는 것이 역사의 교훈이다.

한국 친일파를 통해서만 한국을 이해하는 일본 정부

일본 정부는 일본의 극우 군국주의 지향의 부류와 마찬가지로 한국 친일파 부류를 통해서 한국을 보는 실수를 계속해서 되풀이하고 있다.

한국 친일파는 한국인이기보다 일본제국시대의 일본인에 가깝다. 아니 일본인보다 더한 극우 편향의 일본인이다. 그들은 정신적으로 일본 군국주의에 동화되어 있다. 비단 박정희만이 그런 것은 아니다. 박정희처럼 일본인이 된 한국인이 바로 한국 친일파이다.

그리고 한국 친일파는 일본 상전을 추종함으로써 이득을 보기 때문에 한국이나 한국인의 실상을 정확하게 반영할 수 없다.

일본 정부나 우익 또는 극우 등의 친일파 우대정책은, 한국 친일파에게 지각없고 질 나쁜 친일 행위를 부추기고 있다.

어느 재일 친일파 논객은 주로 한국 친일파 수구 언론의 정보 소스에만 의존해서 한국문제를 친일적으로 왜곡해 일본의 극우 신문과 잡지에 활자 홍수를 터뜨려 수입을 얻고 있다. 그들로선 잘되는 장사라고 생각하겠지만, 그것은 일본을 위해서도 결코 좋은 일이 아니다.

한국의 저질 인사를 초빙하는 이유

한국에서 정객이란 사람을 비롯해 기업인이나 사회·문화계의 일부 인사가 일본에 가서 초청 강연을 하는 일이 종종 있는 모양이다. 그 중에는 함량 미달인 정계 인사로부터 기업인, 지식인 등이 끼여 있다.

왜 저 정도의 사람을 불러들여 돈을 없애느냐고 일본인들은 궁금해 한다. 나도 그런 문의를 여러 번 받았다. 당장 대답이 궁하기도 했지만, 이 일을 두고 여러 가지 생각을 하게 되었다.

우선 일본인은 남의 말을 예의 바르게 듣고 배우려는 좋은 점도 있다. 그런데 한편으로 핵군사 기지와 원자력 발전소도 구별 못하는 정객을 불러들이는 것에는 어떤 속셈이 있다. 즉 그러한 저질 인물이 한국 최고 지도급이라는 한국 비하의 확인과 함께 그의 헛소리를 듣고 즐기려는 사디즘적 심리도 엿보인다.

특히 한국 지식인이 일본 극우의 목소리를 원숭이처럼 그대로 흉내 내고 한국의 자존심을 걸레처럼 버리고 짓밟는 모습은, 일본이 한국을 지배할 수밖에 없다는 망상을 확인하는 일이 되기에 즐거울 수도 있을 것이다. 그러나 일본의 매판 자본가로서 일본 자본 덕택에 벼락부자가 된 인물이 자기가 잘났다고 날뛰는 것을 보면 한편으로는 딱하기도 할 것이다.

세지마 류조는 어느 한국 재벌 총수가 자기의 경영 능력 때문에 거부가 된 듯 뻐기는 것을 제지하고 훈계하기까지 했다. 그들로서도 정도가 지나친 바보짓을 보고만 있기에는 민망하고 꼴사나웠을 테니 말이다.

스스로 과거 역사를 청산하지 않고 과거에 집착하여 역사를 거꾸로 돌리는 일본의 극우파나 일본 정부에 대해 우리가 취하는 자세는 확고하다. 우리는 평화를 지향하고 민주주의를 실행하는 일본 민중을 벗으로 알고 대하고 있다.

우리가 친일파를 비판하는 것은, 일본제국주의의 앞잡이거나 그 후속을 이어가는 반민족적 부류가 잘못되었기 때문이다. 일본 민중이나 일본 문화 자체에 대한 적대감을 갖고 있는 것이 결코 아니다. 일본 정부는 이 점을 바로 알아야 한다.

5. 친일 군사독재의 정치 세뇌가 남긴 잔재

조선은 발전이 없었다는 일제의 날조 — 정체사관

　일본제국주의의 침략적 역사관은, 한민족은 당파 싸움으로 분열을 일삼고 자주적이기보다 외세 의존의 사대근성이 강했으며 열등하여 독자적 문화가 없었다고 하는 거짓 신화를 조선 사람의 머릿속에 주입시켰다.

　어느 시대 어떤 사회이든지 파쟁이 있는 것은 불가피할 뿐더러 그것이 심하기로는 일본의 전국시대보다 더한 것이 없다. 그리고 조선 민족으로부터 선진문화를 전수받은 것이 일본인데, 그 열등감을 감추기 위해 거꾸로 조선문화의 결여성을 의도적으로 과장했다.

　중국의 유교문화나 중국을 통한 불교문화를 조선을 통해서 전수받은 것은 백제문화의 일본 전래를 보아도 쉽게 알 수 있다.

　일본은 섬나라로서 도쿠가와 시대 말엽에 네덜란드 등 서양 문물을 일찍이 수입했고, 근대화 과정에서 영·미 제국주의의 세력권에 교묘하게 편승하는 데 성공했다.

일본의 명치 정부는 국가 신도(國家神道)라 해서 왕을 신으로 받드는 국가 이념을 통해 신의 나라를 자처했다. 원래 왕을 신이나 신의 자손 또는 신으로부터 수탁을 받은 자로 신화를 꾸미는 것은 동서양을 불문하고 중세까지의 지배 방식으로 왕권신수설로 불리는 정치 신화였다.

동양에서는 천자천명설(天子天命說)로 표현한다. 그런데 원래 근대 시민혁명은 그러한 왕권신수설이란 신화를 타파하고 인민주권론을 세우는 것이다.

그런데 일본은 명치개혁에서 오히려 야만이나 미개의 신화로 후퇴함으로써 근대국가의 외형을 갖추게 되었다. 여기서부터 일본사회에는 '반민주성'과 '전근대성'의 기묘한 야합으로 인한 정치적 모순과 비극의 씨앗이 내재되어 있었다.

"박정희는 미륵불이다"

한국 친일파는 일제의 권위주의와 관료주의, 군국주의와 파시즘에 철저히 세뇌되어 있다. 그리고 한편으로는 일본 왕이 신의 자손이라는 미신을 믿고, 일제의 백전불패 또는 가미가제(神風)라는 황당한 신화를 맹신하는 사대주의 외세 의존자다.

그들은 합리주의나 과학 정신과는 거리가 먼 근대 이전의 사고방식에 머물고 있는 자들이기도 하다. 그래서 그들은 일제 신화에 스스로가 속아 넘어가듯이 남들을 속이는 데도 능숙한 기교와 묘수를 쓰고 있다.

구체적으로 말하면 봉건사회의 산물인 재래의 풍수설이나 점복·관상·

기복신앙 등에 집착, 의존하는 난세의 불안 심리를 교묘하게 이용한다. 그리고 신흥종교나 민간신앙을 정치적으로 이용할 줄도 안다. 이는 일찍부터 일본제국이 식민 통치를 할 때에 일제 당국이 이용한 경험을 통해서 전수받은 것이다.

1969년 박정희가 대통령의 3선 연임을 금지한 헌법 규정 때문에 대통령 연임을 하지 못하게 되자 헌법 개정을 시도한다. 이승만도 이 연임 제한 규정을 어기는 그럴듯한 구실을 찾느라고 고심해서 온갖 유치하고 치사한 궤변을 동원한 적이 있다.

박정희도 이승만의 잔꾀를 모방, 답습했다. 우선 '국가 안보'란 명분으로 국민을 겁주기 시작했다. 매카시즘이라는 도깨비 방망이를 동원해 나라가 중대 기로에 서 있는 시국에서 박정희만이 위기를 돌파할 수 있는 구국의 영웅이라는 허무맹랑한 신화를 조작했다.

그것은 박정희를 『정감록』의 '정도령'으로 추켜세우고, 예수교의 '메시아'로 둔갑시키며, 불교의 '미륵부처'로 내세우는, 그야말로 천자 탄생의 신화를 만드는 작업이었다. 이 작업은 당시 정보공안기관이 십만여 명에 이르는 역술인(점쟁이, 관상쟁이, 사주팔자 풀이꾼, 돌팔이 성직자 등)을 동원해서 진행시켰다.

1960년대에 당시 서울시가 후원하는 『주간시민』이라는 신문에 역술인 동원 실태가 보도되었다. 입학하는 아이의 백일기도로부터 학교 선택의 문제와 그날 운세까지 점을 치고 역술가의 자문을 받는 서민 생활을 철저하게 파고들어 이용한 것이다.

그래서 무당이 "박정희는 현세의 정도령이야" 하면 무당을 따르는 사람은 그것을 그럴듯하게 들었다. 돌팔이 성직자인 아무개가 "박통은 미륵불이다" 하면 그것이 그럴듯하게 들렸다. 또 독재의 단물을 맛본 어떤 목사가 "박정희는 한국의 메시아"라고 떠들어 대는 것이다.

　이러한 밑바탕 계층으로부터의 공작이 먹혀들어가 때가 무르익었다고 판단했을 때에 당시 공화당 의장이었던 친일파 윤치영이 광주에서 "반만년래의 위대한 지도자이신 박정희 씨를 대통령으로!"라고 했을 때에 연극 각본의 마지막 매듭짓기에 이르렀던 것이다.

신약성경 「로마서」를 이용한 김종필

　모두가 알다시피 김종필은 박정희와 함께 쿠데타를 모의하고, 한일 굴욕외교를 막후 교섭으로 타결을 짓고, 총리로서 실세를 잡았다. 그런데 김종필 같은 박정희 추종자들은 성경도 자기들에게 유리한 면으로 해석하고 인용하기에 이르렀다. 그들이 인용한 성경 구절은 「로마서」 13장이다.

> 누구나 국가의 권위에 복종해야 합니다. 하느님께로부터 오지 않은 권위는 하나도 없고 세상의 모든 권위는 하느님께서 세워주신 것이기 때문입니다. 그러므로 권위를 거역하면 하느님께서 세워주신 것을 거스르는 자가 되고 거스르는 사람들은 심판을 받게 됩니다.[30]

　이 얼마나 권력에 무조건 절대 복종을 하라고 하는 교리인가 할 것이다. 그러나 똑같은 성경을 두고서도 악마의 종이 된 권력을 거부하며 악법과 폭정에 대한 투쟁을 설파하는 성자도 있다. 성 어거스틴은 "정부에 정의가 없으면 도적의 집단"이라고 했다.

가톨릭 신도로서 법학자인 중국인 존 우(John C. H. Wu)는 『정의의 원천』[31]이란 저서에서 악법과 폭군에 대한 저항의 권리를 신의 이름으로 옹호하는 해석을 하고 있다. 일찍이 불교도인 서돈각 교수가 이 책을 번역 소개한 바 있다.[32] 바로 그러한 올바른 인간에 대한 사랑이나 자비에서 정의의 법이 폭군의 악법을 거부하는 저항의 권리가 나오는 것이 아닌가?

간디는 그의 독립 투쟁인 비협력·불복종운동을 '진리파악운동'이라고 했다. 진리를 통해 악의 질서에 협력을 거부하는 '아힘사'(생명존중-자비-불살생(不殺生)의 뜻)를 펴가며 타락한 권력에 대항했다. 그리하여 인도 3억 민중을 독립운동으로 이끌어 마침내 영국제국주의가 인도를 떠나게 했다.

우상과 이성을 가려서 독재 잔재를 청산해야

독재자가 가장 두려워하는 것은 민중의 비판과 항거다. 그래서 그들은 민중의 정치적 판단력을 마비시키려고 정보와 지식을 통제, 조작하고 정치에 대한 무관심을 조장해서 속물적 출세주의나 돈벌이에 맹목이 된 이기주의자를 만들려고 한다.

그러나 공공정신이 없으면 시민사회는 공중 분해된다. 독재 권력과 부패 수구의 지배가 가능하도록 하는 여건은 무엇인가? 민중이 정치에 무관심하고, 파편화된 인간이 되어 단결력을 발휘할 수 없으며, 자기 이기주의에만 빠져 정치적 자유를 망각할 때 독재를 불러오는 것이다.

박정희는 국회의원까지도 정치에 관심을 가지는 것을 싫어하고 꺼림칙해 하며 '애보기 정치인'으로 전락시키고 싶어 했다. 그래서 기회 있을 때마다 정치를 비하시키고 정치의 혼란성을 정치 자체의 악이란 편견을 심어주는 쪽으로 몰고 갔다. 또한 검증과 비판정신이 마비된 속물적 출세주의의 추종자나 순종자를 모범시민으로 생각했다.

실제로 군사독재 지배층은 모든 국민을 자기 명령에 맹종하는 이등병으로 만들기 위해 감시, 통제, 조작하고 공작으로 들볶아 댔다. 그러나 우리는 스스로 나라의 주인 행세를 해야 한다. 대한민국의 주권은 국민에게 있고 모든 권력이 국민으로부터 나온다는 헌법 제1조 2항 규정이 간판이나 장식에 불과한 것이 되면 나라가 도적놈의 손아귀에 들게 된다.

친일 독재자를 우상화시킨 도깨비 귀신 놀음에 얼을 뺏기면 나라를 망친다는 것을 우리는 가슴에 못이 박히도록 아프게 체험해 오지 않았던가?

6. 무법천지 친일파 세상은 이랬다

누구의 명령으로 그런 끔찍한 살인 만행을 저질렀나?

1950년 한국전쟁의 참화가 남긴 상처는 아직 아물지 않았다. 감추어지고 가려지고 있을 뿐이다.

나는 예전부터 열심히 극우를 과잉 대변해 앞장서는 사람 중에 자기 아버지나 삼촌이 월북한 사람을 본다. 그뿐인가? 말은 할 수 없지만 자기 형들이 전쟁 당시 행불자가 되거나 월북해 평생 숨죽이며 살아오는 사람도 많이 봐 왔다.

말 못할 사연을 가슴에 담고 살아가는 전쟁 세대의 이야기를 지금 세대는 진지하게 들으려 하지 않을 것이다. 할아버지 할머니 세대의 경험과 상처는 그렇게 아물지 못한 채 남겨져야 옳은 것일까?

이른바 해방 후 혼란기, 좌익 활동에 한때 가담한 자를 기소해 유죄가 확정된 자부터 혐의만으로 조사받은 자에 이르기까지 강제로 명부를 작성해 관리하는 관제단체가 보도연맹이었다. 일제하에 사상범을 관리하던

'대화숙(大和塾)' 같은 사상범 통제 감시단체에서 힌트를 얻어 친일파가 만든 단체였다. 이 단체에는 석학 양주동 교수도 회원으로 가입되어 있었다. 좌익단체 관여가 그 이유였다.

그런가 하면 남의 집에서 머슴 노릇하던 일자 무식꾼도 남로당이 땅을 농민에게 준다 하길래 "옳소!" 하고 동조했다가 빨갱이로 몰려 가입돼 있었다. 그들 모두는 전쟁 발발 직후 수원 이남에서 모조리 학살됐다. 아무도 상상조차 못한 그야말로 무법천지이자 집단 살인극이었다.

과거사 규명은 집단 살인의 진상규명부터 하자는 것

누가 그러한 살인 각본을 만들었을까? 제주도 출신 교원인 이도영은 자기 아버지의 억울한 죽음의 사연을 밝혀내기 위해 미국까지 가서 정보자유법에 따라 해제 공개된 기밀문서를 통해 그 학살 각본의 작성자를 찾아냈다.

군 정보실에 근무하던 박 아무개와 그의 조카사위 김 아무개의 이름이 문서에서 떠올랐던 것이다. 아직도 살아 있는 김 아무개를 찾아가 다섯 시간이나 집요하게 물었으나 그는 침묵으로 일관했다. 정보장교 출신이자 정보기관의 우두머리다운 처신이랄까?

이렇게 감추어진 비밀이 드러나는 것에 불안을 느끼고 초조해 하는 자들이 있다. 반공을 내세워 친일 반민족 행위에 대한 면죄부를 따내어 행세해 온 자들이다. 그들은 매카시즘으로 부귀영화의 특권을 고수해 왔다.

대량 처형 장면이 나오는 〈태극기 휘날리며〉라는 영화가 화제가 되었을 때에 나는 시사회에 가보자는 제안을 사양했다. 새삼스러운 일도 아니고, 그 희생자들의 참극을 목격한 체험으로 봐서 안타까워 할 일을 또다시 겪는 것이 싫었기 때문이다.

그렇지만 그러한 범죄를 진상규명해서 참극의 배경으로 작동한 매카시즘이 판을 치게 된 정치·법제·사회 등 배경과 그것을 가능케 한 제도의 모순과 부조리를 밝혀내야 한다. 그것은 우리가 꼭 거쳐야 할 통과의례이다.

지금 과거사법이 바로 그런 목적으로 만들어졌다. 문제는 쭉정이 법으로 기형아가 탄생해서 걱정스럽다. 친일 구기득권 부류의 악착같은 방해와 훼방은 끝나지 않고 있는 것이다.

이승만 정부의 작품, 긴급명령 제1호의 위조

한국전쟁이 터지기까지 이승만 정부는 '북진통일'을 떠들고 허세를 부렸다. "아침은 개성에서, 점심은 평양에서, 저녁은 신의주에서 먹는다"고 했다. 명령만 내리면 하루아침에 쓸어버린다는 것이다.

그런데 막상 전쟁이 터지자 이승만은 "수도 서울을 사수한다. 시민은 동요 말고 생업에 종사하라"는 녹음 테이프만 남기고 한강철교를 폭파하고 도망쳤다.

그뿐인가? 보도연맹원을 모조리 죽이라고 명령했다. 또 한술 더 떠서 도망가면서 1950년 6월 25일 일요일 국무회의는 하지도 않았는데, 그 회의에서 심의·의결된 것처럼 긴급명령 제1호를 꾸몄다. 이 법령은 의결된 적이 없다는 것을 역사학자 서중석은 밝히고 있다.[33] 이토록 하는 일마다 무책임하고 난폭했으며 국민을 헌신짝처럼 버렸다.

이 긴급명령의 내용을 보면, 적 점령하에서 적을 돕는 행위를 한 자는 단심의 군사재판으로 최소한 10년에서 무기징역 또는 사형에 처형할 수 있게 한 희대의 악법이다. 이 긴급명령으로 인민군 치하에서 갈 곳이 없어 파출소 사환 노릇을 한 고아 출신 소년도 예외는 아니었다. 나는 인민군 노래를 부른 죄로 1960년대 마포형무소의 무기수로 있던 왕년의 가수 계수남을 만난 적도 있다. 이처럼 국가의 악법으로 피해를 입은 사람들의 인생은 어떠했을까 짐작이라도 할 수 있겠는가?

양심적인 법관으로 조봉암 중벌을 거부해 수난을 당한 유병진 판사는 그의 수상집 『재판관의 고민』에서 긴급명령의 무리한 중벌 규정과 군사재판의 모순을 법관으로서 어떻게 대응할까 고민하고 있다. 그는 증거 불충분을 이유로 내세워 사람을 살려낼 수밖에 없었다고 했다. 그러나 당시나 그 후에 대부분의 재판관은 군사정권의 법기술자 노릇을 한 것을 우리는 잊어선 안 된다. 이러한 점으로 볼 때에 유병진 판사는 드문 보배였으나, 그 분도 법관 연임에서 탈락해 야인으로 살아야 했다.

이승만의 죄과를 똑바로 보자

이승만의 죄과를 똑바르게 밝혀야 그보다 더한 악질적 죄를 범한 박정희의 정체를 알 수 있다. 왜냐하면 박정희는 이승만 이래 친일 지배 구도를 더욱 확대 재생산한 장본인이기 때문이다. 여기서 나는 이승만은 다음 죄상 때문에 결코 용서받기 어려운 중죄인임을 단정한다.

〈이승만의 죄과〉

1. 분단을 통해 집권 야심을 충족하고자 정치 분열을 조장했으며, 김구 선생 암살에 직·간접적으로 연루됐다.

2. 집권 야심을 채우려고 친일파와 유착했으며, 포악하고 부패한 집권 체제를 구축해 국정을 엉망으로 만들게 한 가장 큰 책임이 있다.

3. 한국전쟁이 발발하자, 수도를 사수한다고 녹음 테이프만 남기고 도망쳤다. 어찌나 옹졸하고 치사했던지, 국회의원을 비롯한 정부 요인까지도 방치한 채 도망쳤다. 그리고 서울 수복 후에는 미처 피난 가지 못했던 시민들을 적 점령하에서 부역 행위를 했다는 이유로 처벌했다.

4. 전쟁 발발 후에 보도연맹원 학살 지령을 비롯해 긴급명령 제1호의 위조 등 그 후 무리한 개헌을 강행하는 등 이미 민주 지도자가 아닌 폭군으로 전락해 국민을 해쳤다.

5. 1951년 1·4후퇴 당시 국민방위군 남하 조치를 잘못해서 수만 명의 청년들이 굶거나 병들어 죽었다. 그에 대한 최종 책임자는 이승만이다.

6. 장기 집권을 위해 비현실적인 '북진통일'이란 구호로 국민을 기만했다. 전시체제 이상의 긴장 상태를 조성하며 경찰국가의 파시즘 체제로 전락시켰다. 결국 4·19혁명으로 몰락하였지만, 그 후 하와이로 도망쳐서 죽을 때까지 국민에게 사죄하지 않았다.

결국 이승만은 민주공화국의 대통령이기보다는 군주시대의 전제군주로 행세했다.[34] 그리고 그는 여러모로 봐서 한국인이기보다 미국인에 더 가까운 사람이었다. 그가 1953년 휴전 후에 초청을 받아 미국 의회에서 행한 연설문을 보라! 그의 마음의 고향이 어디였는가를.

과거청산의 진통과 시련을 이겨내야

역사의 교훈을 몰각하는 국민은 어떻게 되는가?

우리가 1945년 일제 패망 이후 지금까지 친일파 지배 구조를 존속시킨 것은 먼저 스스로의 태만과 치욕으로 자책해야 한다. 친일파에 대해 할 일을 못한 것은 결코 관대함도 아니고 아량도 아니다.

정의를 세우지 못하고 어떻게 올바른 나라를 만들겠다는 것인가? 우리 선열과 애국 투사들이 이 나라를 어떻게 지켜내어 왔는가? 4·19의 피맺힌 절규인 "민주 반역자 물러가라"는 정신을 이은 5·18 민주항쟁이 헛된 메아리로 남아선 안 된다.

매카시즘이 통하는 세상에선 법에도 없는 학살이 백주에 버젓이 자행될 수 있었다. 전시 긴급 사태 때는 불가피했다고 하면, 왜 아직까지 그 진상이 은폐되고 정부는 사죄 조치 하나 없이 55년을 지나왔는가?

그런데 과거사 규명을 해서 민주와 민족의 진로를 바르게 세우는 데 방해하고 훼방을 놓고 있는 자들은 누구인가? 아직도 그런 작태가 통하는 세상인가?

7. 매카시스트의 생트집과 억지

전대미문의 궤변이 판치는 세상

자기 비위를 거스르면 생트집을 잡아서 멀쩡한 사람을 골탕 먹이는 것은 대개 강자의 횡포다. 강한 자가 제멋대로 하려고 구실을 끌어대는 것은 이치에 맞지 않게 마련이며, 그런 것이 안 통하는 세상이 정상적인 세상이다. 그런데 언제부터인지 그런 정상적인 것이 비정상적인 것으로 뒤바뀐 세상에 우리는 살고 있다.

일제 식민지 치하에서 애국자는 위험 인물이 됐고 매국노는 사회 유지가 됐다. 독립운동하는 민족운동가는 범죄인이 되고, 일제 앞잡이는 충성스럽고 선량한 황국신민이라 하여 행세했다.

그런데 일제가 패망했다는 1945년 8·15 이후에도 일제시대의 경찰 노릇을 하던 자가 다시 더 높은 자리에 앉아서 민족운동하던 사람을 잡아 가두는 일이 이어졌다. 세상은 무엇인가 미친 것이거나 잘못된 것이 틀림없었다.

친일파가 반공을 내세워 지배 권력을 휘두르게 되니, 자기를 비판하는 사람이나 집단은 모두 싸잡아서 용공, 친공, 빨갱이로 몰아가야지 자기 지위를 지켜갈 수 있었다.

그래서 우선 힘을 빌려서 공포 분위기를 만들어 세를 꺾어야 한다는 것이 독재 권력에 편승한 친일파의 속셈이었다. 이 속셈에서 나온 첫 번째 엄포가 "말이 많은 놈은 빨갱이"라는 것이었다. 이치를 따지면 할 말이 없으니 입부터 틀어막자는 수작이었다.

사실 말을 할 수도 없었다. 감시와 밀고망이 거미줄처럼 쳐진 분위기에서 겁이 나서 말을 하라고 해도 무서워서 말을 못했다. 보고 싶어서 보려고 해도 알고 있는 것 자체 때문에 변고를 당할까 봐 보고도 못 본 척 듣고도 못 들은 척 해야만 했다. 유언비어의 죄목이 신세 망치는 징역살이의 문이었기 때문이다.

그런데 세상이 달라졌다. 이승만도 쫓겨나고 박정희도 총 맞아 죽었다. 전두환과 노태우도 내란죄로 중형을 선고받았다. 하지만 어쩐 일인지 중형을 선고받긴 했으나 중벌은 받지 않았다.

개혁을 떠들면 빨갱이로 몰아 혼쭐을 내는 일이 아직도 지속되는 세상이다. 독재 권력에 기생해 큰소리치던 부류가 아직도 재산과 권력을 쥐고 있다. 권력형 매카시즘의 세도는 이제 못 써먹는 것 같지만, 빨갱이 몰이로 사람을 매장시키는 언론과 사회단체, 그리고 경제 실력과 명망을 행사하는 실세로서 의연히 버티고 있다.

여기서 예전과 다른 매카시즘의 칼놀림 수법을 정리해 보자. 그 수법을 알아야만 그 횡포를 모면할 수 있기 때문이다

생트집 잡기 수법

(1) '이것이' 문제라고 하는 판에 들어와서 왜 '저것은' 안 따지냐 하는 트집으로 판 뒤엎기

의문사진상규명위원회에서 과거사를 조사하던 때에 겪은 일을 들어보겠다. 의문사로서 조사 대상은 주로 군사독재하에서 발생한 살인이나 자살 사고 등의 사건이다. 그런데 엉뚱하게도 왜 북한의 인권 탄압은 조사하지 않느냐고 트집을 잡았다. 마치 그러는 것이 친북, 용공, 빨갱이로서 북한 편들기의 범죄나 저지른 듯 트집을 잡아 물고 늘어지는 수법을 썼다.

심지어 수구·극우를 동조하는 어느 외신기자가 브리핑하는 장소에 나타나서 "왜 북한 인권 탄압은 조사를 안 하냐"고 묻기도 했다. 의문사진상규명위원회의 조사권 대상이 무엇인지 뻔히 알면서 그러는 것이었다.

한국전쟁 전후에 발생한 민간인 학살에 대한 문제를 거론하면, 독자나 시청자로 자칭한 사람들이 "왜 그 당시 북한 빨갱이 학살은 말하지 않는가", "결국 친공, 좌경이 아니냐"는 듯이 시비를 거는 일을 흔히 겪는다. 이런 초점 흐리기로 판을 뒤집는 수법은 입법 규정을 두고도 써먹고 있다.

(2) "네 주장이 빨갱이하고 같으니, 너도 빨갱이"란 식의 뒤집어씌우기

노동자·농민 등 근로 대중의 복지를 중하게 여겨야 한다고 주장하는 의견에 대해 바로 "빨갱이하고 똑같은 주장이니 너도 곧 빨갱이가 틀림없다"는 식의 뒤집어씌우기는 흔히 써먹어 온 수법이다. 미운털이 박힌 비판 세력이나 개인에 대해 이러한 트집으로 빨갱이를 만들었다. 그래서 노동자란 말도 쓰기를 꺼려서 근로자란 말을 썼고, 인민이란 말도 금지 용어가 됐다.

　문제는 아무리 정의와 형평에 맞는 일도 북에서 하는 것으로 트집 잡히면 봉변을 당할 것은 뻔하기 때문에 할 일도 못하고 끙끙대며 제 길을 못 가는 일이 부지기수였다는 것이다.

　이북의 좌익이 봉건 잔재 청산을 말한다고 해서 그런 주장을 하면 좌경으로 몰리기 십상이었고, 친일파를 비판하면 노골적으로 빨갱이라고 매도했다. 일본의 극우 우익이 여기에 합세하니 한국의 극우 친일파는 신이 난 것이다.

(3) 좌익 전력이나 혐의만을 가지고 악인으로 추정하기

　2004년 의문사진상규명위원회가 "전향을 거부해 타살된 이들의 죽음이 사회적·정치적으로 사건화함으로써 전향제 폐지에 작용한 것"이라고 평가했다 해서 빨갱이 공세에 시달렸다. 간첩과 빨치산을 '민주 인사'로 만들었다는 것이다. 그러한 결정을 할 정도로 무모한 사람을 국회의 동의까지 받아서 대통령이 임명해 공직에 앉히겠는가. 만일 그렇다면 임명 동의를 한 국회의 정치적 책임부터 따져야 하지 않겠는가.

　더욱이 전력이 좌경이란 딱지가 붙은 사람은 불법하게 때려죽여도 좋다는 법리가 어디에 근거를 두고 있는지 알 수가 없다.

　항의하는 극우 인사와 언론에 맞서 아무리 극악한 범죄자라도 법의 보호를 받는 인간이고, 무엇보다 사형을 해도 법에 따른 절차가 있는 것이라고 말했다. 그러자 더욱 놀라운 것은, 빨갱이는 그렇지 않다는 것이다. 그러면 한국전쟁 전후에 좌익 혐의만으로 집단 학살한 불법 범죄를 되풀이할 수 있다고 하는 것인데, 그런 것은 법치주의를 거부하는 게 아니냐고 물어보았다. 그러자 그들은 나더러 학자의 탁상공론이라고 했다. 이런 이들과는 정상적인 대화가 불가능하다.

(4) 빨갱이로 몰아 공직에서 쫓아내기

김대중 대통령 시절의 일이었다. 지방 도시의 공무원 교양 강좌에서 강사가 현직 대통령을 빨갱이라고 소리를 질러대도 아무도 대꾸하지 못했던 기막힌 일이 벌어졌다. 대통령 자신이 박정희의 온갖 미움을 받아 여러 차례 죽을 고비를 넘기고 십수 년을 빨갱이라는 욕설과 모함에 얼이 빠질 정도가 되었으니, 당사자가 나서서 뭣이라 할 수 없었는지 모른다.

그러나 이처럼 약한 자세 때문에 매카시즘의 붓은 대통령 정책기획위원회 위원장인 정치학자 최장집을 빨갛게 칠할 수 있었고, 결국 그를 쫓아내는 데 성공했다.

최 위원장의 글을 자기들 멋대로 꿰맞추어 그가 공산군을 찬양한 것으로 만드는 재주를 보면 혀를 내두르게 된다. 조·중·동 등 수구 언론들은 최장집의 글만 가지고 별것을 다 만들 수 있다는 것을 증명했다. 결국 그는 소송까지 했지만, 끝까지 밀고 가지 못했고 그 자리를 지키지도 못했다. 매카시즘의 위력이 얼마나 무서운가를 보여준 사례다.

지금 당시의 최장집을 빨갛게 칠한 글들을 다시 한번 차분하게 보면 이토록 마구잡이 꿰맞추기로 각색할 수 있는지 놀랄 것이다. 그런데 매카시즘이 광풍을 동반해 위세를 떨칠 그 당시에는 아무도 나서서 그렇지 않다고 감히 못한 것 같다. 당시 최 교수가 속한 위원회와 몇몇 필자가 이의 제기를 한 것은 분명히 기억하지만, 전면적인 싸움이 되지는 못했다.

우리는 매카시즘의 칼춤 앞에서 아직도 당당히 맞서지 못하고 있는 것은 아닐까?

(5) 박정희 영웅 만들기의 염치없는 비약론 – 한 부분을 전부인 양 과장하는 허풍 떨기

　박정희를 경제발전의 영웅으로 둔갑시킨 비약론은 문민대통령 시절 경제 파산이 원인으로 크게 작용했다. 실은 이 문민대통령도 3당 합당으로 군사독재 가족에 양자로 들어가서 대통령 감투를 쓴 이다. 따라서 그의 궤적은 박정희와 신군부의 연장이고, 경제 파탄은 박정희 개발독재의 정경유착에서 나온 산물이다.

　그런데 이 점은 가려진 채 문민이나 민주화 운운하는 민간 정치인은 시원치 못하다는 쪽으로 몰고 가는 데 성공했다.

　박정희 개발독재의 드라이브 자체가 경제 기적의 요인이 아니다. 이미 장면 정부 때 제시된 청사진을 표절한 것이었다. 또한 당시의 세계적 경기 흐름을 타고 발전했다는 점을 지나쳐선 안 된다. 더욱 중요한 것은 박정희 개인의 이니셔티브가 아니라 노동자의 피땀 어린 헌신이 있었기에 가능했다는 사실이다. 물론 그 이면에는 값싼 노동력 수탈 때문에 몰락한 농촌의 희생이 있었다.

　오히려 박정희는, 부정 축재 재벌로 이미 재산 환수의 대상으로 감옥에 있던 독점 기업의 수장과 야합해 내수 시장 개발을 무시한 재벌 특혜의 수출 주도 전략에 몰두했다. 그 결과 매판 관료의 파행적 경제 구조를 심화시켰다. 특히 일본 자본을 끌어들여 부정 축재를 통한 벼락부자를 키웠을 뿐만 아니라 퇴폐문화도 스며들게 만들었다.

　박정희가 총 맞아 죽은 직·간접의 원인이 YH노동쟁의와 무리하기 짝이 없는 부가가치세 강행, 정보부 공작의 살인극 등 궤도 일탈의 독주 때문이 아닌가?

좀더 정직하게 당시 사태를 보자. 아마도 박정희와 차지철이 그대로 계엄 통치를 강행했으면 차지철 말대로 무수한 사람이 탱크에만 깔려 죽는 게 아니라 거리와 고문실에서 목숨을 잃었을 것이고, 병영과 감옥에서 또 한 피바다를 이루었을 것이다.

박정희의 시대가 다시는 이 땅에서 되풀이되어선 안 된다는 것은 신군부의 난폭하고 무지막지한 폭력정치를 겪음으로써 증명됐다.

그 당시 학자라는 이들이 책 서문에서 ㅈ아무개나 그의 아우의 실명을 들어 찬양하고, 시인이라는 늙은이는 일제 징병을 찬양하던 더러운 붓으로 전두환을 칭송하는 역겨운 헌사를 바쳤다. 청와대의 재벌 모임은 재벌 총수 ㅈ아무개 말마따나 들어오라고 할 적마다 돈 보따리를 가져다 바치는 거래 상납장이 됐다.

박정희를 미화시키려고 온갖 꾀를 짜내고 있는 무리는 박정희의 권력야심을 억지로 영웅적 공로로 둔갑시켜서 정당화시켜 왔다.

박정희 신화에 언제까지 포박되어 있을 것인가? 이제는 매카시즘의 억지를 끝장내야 하지 않겠는가?

3부
박정희 찬양을 멈추어라

1. 역사를 위조하는 반역자의 후손들

아우슈비츠 시절을 '지상천국'이라는 사람

과거를 미화시키는 정신병이 해독을 끼치는 구체적인 예는, 과거 아시아에 대한 일본의 침략을 해방전쟁이었다고 하는 것이다. 그 해독으로 말하면 (1) 역사에서 사실은 위조하여 허위를 날조하는 것이고, (2) 그 역사적 사실에서 교훈을 얻지 못함으로써 자해 행위로 이르게 되며, (3) 특히 전쟁을 미화시켜 군국주의로 나라를 몰아가는 범행을 하고 있는 것이다.

우리가 지금 일본 극우와 일본 문부성의 역사 교과서 왜곡을 규탄하고 있는 이유이다. 우리는 일제 침략의 피해자로서 그러한 전쟁 미화와 전쟁 선동의 범죄를 앉아서 보고만 있을 수 없다. 다시금 우리는 피해자가 되어선 안 되기 때문이다.

지난 과거는 그것을 체험한 사람에게까지 시간이 지나면 망각으로 뒤덮여서 자칫 미화하고 추억이란 마취향으로 포장되어 변조된 형상을 띨 수 있다. 사람은 대개 기억하기 싫은 것을 무의식적으로 기억에서 지워버리기 때문이다. 바로 그래서 우리는 올바른 역사를 배워야 한다.

과거의 기억은 망각만이 아니라 그것을 보는 당사자의 입장에 따라서 장밋빛으로 미화되기도 한다. 영국 BBC 방송의 역사 담당 피디인 로렌스 리스(Laurence Rees)가 쓴 『아우슈비츠』를 보면, 괴벨스의 개인 수행원이 었던 빌프리트 폰 오펜(Wilfried von Oven)을 인터뷰하면서 "만일 당신이 나치 시대를 한마디로 요약한다면 무엇이라고 하겠소?"라고 물었다. 나치 선동가인 괴벨스와 함께한 그가 그 극악한 범죄시대를 어떻게 표현할까 궁금했다. 그는 잠시 생각하는 듯하다가 대답했다. "글쎄요. 나치 시대의 내 경험에 따라 요약 표현하면, 한마디로 천국이었지요!"

우리 상식으로는, 선량한 대개의 독일인들은 그 시대를 잘못된 시절로 여기며 다시는 되풀이하고 싶지 않은 한때의 악몽으로 표현하리라고 생각할 것이다.

그러나 로렌스 리스는 말하길 평범한 대부분의 독일인은 아우슈비츠 이웃에 살면서도 무시무시한 대량 살인 범죄를 몰랐고, 무엇인가 잘못된 것을 어렴풋이 알았어도 잘못된 사람에 대한 처벌 정도로만 생각하거나 또는 무관심한 채 생업에 종사했다고 했다.

같은 시대를 함께 체험했어도 그 입장과 처지에 따라 생각하고 느끼는 바가 다르다는 것을 알 수 있다. 그래서 그 무심한 대중을 향한 역사 왜곡이 가능한 것이다. 바로 그렇기 때문에 우리는 이대로 있을 수 없다.

속이는 것도 잘못이지만, 속는 것에 대한 책임도 있다!

 자기의 기득권을 지키기 위해 그 기득권의 물적·제도적·정신적 기반이 된 과거의 죄과를 감추려 하고, 감출 수 없으면 미화 또는 정당화시키려고 하는 것은 어느 시대나 되풀이되는 일이다. 인간의 정치와 문화가 발전한다고 하는 것은 바로 그러한 파렴치한 조작을 폭로하여 역사 날조로 말미암은 피해자를 줄이는 일이기도 하다.

 여기서 지식인이나 책임 있는 지위에서 활동하는 사람들의 책임이 있다. 그러한 역사 날조에 속는 것이 면책의 사유는 안 된다. 자기 발언에 책임을 져야 할 사람이 나는 속았다, 그러니 책임이 없다고 발뺌을 해서는 안 된다. 그것은 비겁한 짓이다. 만일 책임을 지지 않으려면 유지나 명망가 또는 지식인이나 지도자 행세를 하지 말아야 한다. 바보면 바보답게 있어야 한다.

혁명과 개혁의 역사와 과거청산

 1960년 이승만 집권 12년 만에 우리 민족은 더 이상 친일파와 친미파 세상의 폭정을 참지 못하고 이승만을 권좌에서 몰아냈다. 혁명의 여세로 민주 반역자와 부정 축재자에 대한 청산 작업이 진행되었다. 혁명이란 이름을 붙인 혁신치고는 참으로 최소한의 개량이고 시정이었다. 그런데 1961년 쿠데타는 그것을 뒤집어엎었고, 그 후 군부와 신군부의 시대가 30여 년 지속되었다.

지금 우리는 개혁을 통해서 구시대의 더럽고 악질적인 잔재를 청산하자는 것이다. 드러내 보이기에 추하고 부끄러운 과거이지만 외면하고 지난다고 없어지는 것이 아니기 때문에 똑바로 보고 가려내서 청산해야 한다. 그러면 무엇을 청산하느냐?

(1) 우선 일제 잔재로서 잘못된 제도와 악법(치안유지법과 전향 예방 구금 등 제도와 고문 악습 등)과 반민족·반민주 이데올로기인 권위주의와 관료주의 및 군국주의와 파시즘의 찌꺼기를 쓸어내고, 그 인적 잔재인 친일파와 그 아류들을 퇴장시켜야 한다.

(2) 독재하에 번식한 친일 잔당 후속 인맥의 지배 구조, 독재 악법, 군사문화와 밀실 행정 관행, 권위주의 잔재, 특히 쿠데타와 독재에서 생겨난 각종 병폐인 정경유착 등 부패 구조의 체질화된 병리를 도려내야 한다. 또한 부동산 투기와 개발 이익의 부정 취득 등 정치·경제·사회에 만연된 병리를 과감하게 드러내 청산해야 한다.

(3) 일제 이래 독재하에서 가장 반민주적 정치 유산인 매카시즘의 불법과 무법의 시대를 끝내야 한다. 그런 점에서 매카시즘으로 자행된 민간인 학살과 박해의 실상을 하루빨리 밝혀내고 청산해야만 민족적인 상처를 치유하고 민주사회의 정상 여건을 이룰 수 있다.

쿠데타를 찬양하는 민주 반역의 후손이 날뛰는 세상

과거 독재시절로 돌아가고 싶어서 안달복달하는 무리가 있다. 자기가 처한 입장이 불리해져 온갖 궤변으로 과거를 정당화하는 자들이 날뛰고 있다.

그들은 쿠데타가 없었더라면 이 나라, 이 민족은 이미 망했다고 펄쩍 뛰면서 악을 쓰고 있다. 그들이 말하는 쿠데타의 실상이란 법질서의 기본을 파괴하고, 쿠데타에 따르는 살인과 기만이 정의와 윤리를 짓밟아 뭉게 버리고, 사기꾼과 모리배가 판을 치게 하여 정직한 사람을 못살게 하는 세상을 만들어 놓은 것이다. 그래서 정의를 주장하는 사람들을 죽이고, 말 안 듣는다고 고문해 병신을 만들거나 감옥에 보내고, 생업을 파산시켜 알거지를 만든 것이 아닌가? 그리고선 지금 세상을 바로잡아야 한다고 하니까 안 된다며 달려들고 있는 꼴이다.

전두환과 노태우 신군부 시대는 정보 혁명의 시대에 걸맞게 도둑질해 먹는 규모도 엄청나게 컸다. 장영자 마담의 수천억 원대 어음 사기로부터 청와대 회의 때마다 재벌 양반(?)들이 돈다발 잔치를 벌였다. 그래서 당시는 텔레비전 연속극에서 그들을 표현하길, 그들이 친일파 추종배이니 일본말로 "민나 도로보다(모두 도적놈들이야)"로 통했다.

이들 쿠데타 집권 세력이 1987년 시민항쟁으로 풀이 꺾이고 민자당으로 합당해서 군사정당의 후속 시대가 끝나자 친일파와 아류 및 추종배들은 마지막 비장의 보검(寶劍)으로 매카시즘의 칼부림을 하기 시작했다. 그리고 지금은 공공연히 일본 극우 세력과 야합해서 개혁이나 과거청산은 친북, 용공, 빨갱이로 몰아가고 있다.

우리 사회의 취약점, 일제 잔재와 군사정권의 유산

이미 일본 극우는 1960년대 역사 교과서 우경 변조 작업을 시작한 이래 한·중 두 나라의 비판을 교묘하게 넘겨 왔다. 1990년대는 국기국가법과 주변사태법 등 군사국가와 정쟁체제로의 입법 정비 작업을 착실하게 진행시켜 지금 개헌 단계까지 왔다.

일본은 패전 후 60년간 전범 세력이 계속 집권하면서 국민 정서 속에 과거의 침략전쟁을 미화시켰다. 패전에 대한 반성이 아니라 패전의 원인과 패전으로 인한 피해만을 주장했다. 그리고 얄팍한 자존심과 사무라이식 영웅주의를 부추기면서 정신적으로 민주주의 의식이 무장 해제된 국민을 선동 자극해서 우경화를 부추겼다.

일본 국민이 스스로 민주주의를 쟁취하려 한 혁명과 개혁의 진통을 겪어보지 못했던 취약성이 크게 작용한 것이다. 일본 극우 세력은 그 약점을 교묘하고 깊숙하게 파고들어 패전 후 민주주의의 허약 체질에 치명상을 입히는 데 성공한 것이다.

일본사회가 민주주의를 스스로 쟁취하는 혁명과 개혁의 기반이 취약하여 수구 우경화로 돌아가게 된 것을 보듯이 우리도 우리 사회의 약점을 돌아봐 자세를 가다듬어야 한다.

먼저 우리 사회는 해방 후 60여 년이 지나도록 일제 잔재가 제도나 정신면에서 남아 있을 뿐만 아니라, 친일파가 인적 지배의 핵심이 되어 온 데에 문제가 있다. 일제하에서 세력 기반을 닦은 친일파의 지배는 우리 사회에 매카시즘의 칼바람을 일으켜 모든 국민을 '빨갱이'와 '안보 귀신'의 공포에 사로잡히게 하여 일상생활에서 항상 불안과 공포에 떨게 했다.

누구이건 "저놈, 빨갱이다" 하면 그는 법률의 보호를 받지 못하는 역적이 되어 맞아 죽어도 아무도 못말렸다. 그러니 말 안 듣는 놈은 간단히 처리할 수 있었다. 드러내 놓고 말을 못해서 그렇지 대다수의 국민들은 친인척 중에 월북하거나 처벌받거나 행불자가 된 좌익 연고가 없는 사람이 없으니 모두가 혐의자이고 죄인이었다. 그리고 국가 안보를 거역하는 놈은 '국적(國賊)'이고 빨갱이 중에서도 '알빨갱이'가 되는 판이니, 안보를 거역하는 위험 인물로 낙인찍힐까 봐 전전긍긍했다.

평생을 '빨갱이 자식'으로 언제 잘못될지 모르는 불안 속에 나날을 보내는 사람을 알고 있다. 그는 지리산 근처 산마을에 살던 사람인데, 그가 어렸을 적인 1950년 전쟁 당시에 그의 아버지는 산에서 내려온 빨치산이 김치가 먹고 싶으니 내놔라 하길래 너무 무서워서 김치 종지를 가져다주었다고 한다. 그리고는 단지 그 이유로 빨치산이 간 이후에 통비 부역분자로 몰려서 총살을 당했다. 집안은 망하고 그는 거지꼴로 근근이 연명하다가 지금은 작은 가게를 열어 먹고살 만큼 자리를 잡았다.

그래도 경찰이나 관리를 보면 가슴이 뛰고, 언제 누가 '빨갱이 놈의 자식' 새끼라고 할까 봐 불안해서 경찰이나 공안기관에서 하라는 일은 충실히 복종해 왔다고 한다. 그런데 정권이 몇 번 바뀌면서 빨갱이 소리를 듣는 사람이 높은 사람도 되고 하니 정신을 못 차리겠다는 것이다. 더구나 '한상범'처럼 멀쩡한 대학교원으로 있다가 어느 날 갑자기 '빨갱이' 소리를 듣는 사람은 보기만 해도 치가 떨리고 겁이 난다고 했다. 이 사람에게 나는 무슨 말부터 해야 할지 몰랐다. 그저 "세상을 바로 보셔야죠" 하는 게 내가 할 수 있는 말의 전부였다.

다음으로 박정희나 신군부는 정치란 것을 그저 그런 것이라고 해서 시민이 정치에서 멀어지게 하려고 각종 조작을 다 해왔다. 1961년 쿠데타 직후에는 '때 묻은 정치인'을 몰아낸다고 하였다. 정치 활동의 '정화'를 한단 말이다. 신군부도 똑같은 수법을 써 정치를 국민한테서 뺏어 갔다.

그런 정치 기피증이 헌법재판소에까지 오염이 되어 18세로 선거 연령을 낮추어야 한다는 소원에 대해 18세에 선거권을 부여하면 시험공부에 지장이 있다는 어처구니없는 논거를 대기도 했다. 참으로 기막힌 논법이다. 미국의 초등학생 3학년생도 자기가 지지하는 대통령 후보를 논제로 정치 논문을 써 가는 숙제를 하는데, 이 무슨 망발인가? 민주국가치고 18세 선거권을 인정하지 않는 나라는 일본하고 한국 정도라고 할까?

매카시즘과 탈정치화에 찌든 정치 풍토가 누구를 위해서 악용돼 오는가? 개혁을 염치없이 반대하는 무리가 누구인가? 정치를 지역 편견의 싸움으로 몰고 가려는 자가 누구 편인가? 폭정을 미화하는 자가 누구인가?

쿠데타로 칼부림하던 자의 시절이 좋았다고? 아직도 민족 반역자가 '선각자'가 되고, 쿠데타 주범이 '나라의 은인'으로 칭송되는 이유는 무엇인가? 무엇이 잘못됐길래 도적 무리를 따르던 자가 '원로'가 되고, 감옥에 들어앉아 있을 자가 부귀영화를 누리는가? 아직도 독립운동가의 집안은 3대가 망하는 세상인가?

어느 한 사람만의 탄식은 아니라고 본다면 함께 힘을 모아 이를 고쳐 나가야 한다.

2. 개혁을 방해하는 전략과 전술들

민족 반역자는 역사의 무대에서 스스로 퇴장하지 않는다

　어느 시대, 어느 사회에서고 민중의 심판으로 단죄를 당한 기득권층이 스스로의 지위와 특권을 포기한 적은 없다. 그래서 혁명에선 피를 흘린다. 피를 흘리지 않으려는 온건책인 '개혁'이 혁명 이상으로 어려운 이유가 여기에 있다. 우리는 이승만을 권좌에서 몰아내기 위해 피를 흘렸다. 그 후 군부 독재를 몰아내기 위해 몇십 년 동안 무수한 사람들이 죽어갔고, 고문실과 감옥에서 폐인이 되고, 한 집안이 박살나는 비극을 겪어 왔다. 그러한 피의 대가로 개혁의 계기를 어렵게 마련한 것이다. 그런데 개혁을 방해하여 오히려 세상을 거꾸로 되돌리려는 부류의 집념은 교활하고 악랄하다.

　일부에선 피눈물 나는 투쟁을 겪어보지 않고 열매만을 따먹으면서 개혁을 반대하는 부류와 타협을 하자는, 팔자 좋은 타령을 하는 한가한 논객이 있다. 나는 그렇게 안이한 자세로 개혁에 임하는 이들에게 경고한다. 부패 기득권 부류는 개혁에 대해서 체질적으로 반발, 증오하고 이를 갈며 반대한다. 생사의 갈림길에 처한 그들로서는 그야말로 결사적인 반격인 셈이다.

개혁을 추진하는 측도 개혁의 성패 여부는 생사의 문제여야 한다. 개혁은 흥정거리가 아니다. 다만 대의를 따르는 열정과 민주화를 위한 충심에서 최선을 다하는 공정한 자세로 임하는 것이어야 한다.

여기서 나는 현실에 눈을 바로 떠야 한다는 뜻에서 개혁에 원천적으로 반대하여 온 부류의 전략과 전술의 정치 행태를 정리해 본다.

일제의 '빨갱이 때려잡기' 수법을 전수받은 친일파

친일파는 일제 패망으로 기댈 상전이 없어져 몰락의 위기를 맞았으나 기적적으로 살아남아 지배권을 다시 탈환한 관록이 있다. 여러 가지 곡절을 겪으면서도 살아남았고, 그래서 60년간을 지배해 온 만만찮은 부류이다.

대개 그들의 지배 기술과 수법은 일본제국주의가 조선 민족을 탄압하던 사례에서 배우고 전수받은 것이다. 근대법 체제를 갖춘 것처럼 행세해야 했던 일제는 바로 그 법률제도를 본래의 목적과 기능을 무시하고 최대한 악용했다. 그러한 법비(法匪, 법률을 악용해 도적질하는 무리)의 관록을 따지자면 세계적으로 유명하다. 독일식 관료주의 법문화로 무장해서 법을 지배와 억압의 방편으로 정교하고 치밀하게 발전시켜 악용했다. 지금 한국에서 친일파이자 친미파가 된 법비인 그들은 미국식 소송 만능의 법률가 지배의 수법까지도 배워서 써먹는 수준에 이르렀다.

한국사회에서 일제 상전의 자리에 들어앉은 친일파는 일본제국의 식민지 지배정책을 대개 그대로 모방, 답습하여서 그것을 적시적소에 활용하는 데 성공했다. 일제의 지배정책은 강동진이 동경대학 박사논문으로 낸 『일본의 조선 지배 정책사 연구』(東京大學出版會, 1979)를 참고할 수 있다.

우선 일본은 조선 사람을 바보(우민)로 만들고 겁에 질리게 해서 지배하다가, 1919년 3·1운동 이후에는 '문화정책'이라고 해서 수법을 바꿨다. 조선 민족의 불평불만을 일부 배출하도록 숨통을 터주기도 하며, 종교·종파·학연·족벌을 이용해 분열시키고, 종교란 미명하에 미신을 충동·동원해 풍수지리와 점복까지도 교묘하게 활용했다. 그러면서 "조선놈은 별 수 없다"는 민족 비하와 좌절감을 심어 놓았다. 이광수나 박정희가 그러한 민족 비하 조작에 감염된 자들이다.

일제는 '빨갱이(아카) 만들기'와 빨갱이에 대한 공포심 심어주기, 그리고 미친개 때려잡기식 빨갱이 말살정책을 일반 관행으로 일상화시켰다. 이러한 매카시즘은 식민 통치의 유력한 도구였다. 해방 후 친일파는 그것을 더욱 정교하게 다듬어서 이승만과 군정 지배자를 기쁘게 했다. 지금도 친일파의 마지막 카드는 바로 이 매카시즘이다. 친일파 행태의 수수께끼를 푸는 열쇠가 여기에 있다.

개혁을 방해하는 전술 구도

(1) 매카시즘 공포 분위기의 일상화

해방 이래 친일파는 자기 정체를 폭로, 비판하는 인사나 당파는 민족주의자건 자유주의자건 무당파건 빨갱이로 몰아 제거해 왔다. 좌편향의 트집거리가 있으면 빨갱이로 몰리기 십상이었다. 남의 집 머슴살이를 하던 무식꾼 농부가 남조선노동당이 농민에게 땅을 주는 일을 한다며 도장을 찍으라고 하자, 자세한 사정도 모르고 "옳소" 한마디 한 것으로 처형할 수 있었다. 이처럼 말 한마디, 도장 한 번 잘못 찍은 죄로 총살당하는 사유가 된 '보도연맹원'으로 몰린 사람이 부지기수로 많았다.

김영삼 시대엔 통일원장관 한완상도 이인모를 북송했다고 장관 자리에서 쫓아냈다. 김대중 집권 시기에는 대통령도 빨간 칠하는 친일파들의 공세에 맞선 정면 대응에 아무도 감히 협조하지 못했다. 대통령소속 정책기획위원장이던 최장집이 빨갱이로 몰려 위원장 자리에서 쫓겨날 때도 속수무책이었다. 또한 노무현 정부에 들어서는 개혁 기구인 의문사위원회를 통째로 빨간 칠을 해서 몰아붙였다.

물론 지금은 예전처럼 빨간 칠하기의 위력이 잘 먹혀들지는 않지만, 아직도 그 위세는 보통 서민에게 여전히 두려움을 줄 정도로 살아 있다. 그렇게 빨갱이로 몰리면 진실이야 어떻든 남들에게 일단 빨갱이란 인상을 주게 된다. 빨갱이로 몰린다는 것이 사회적인 사망선고였던 우리에게는 그런 처지에 몰린다는 것은 여전히 두려운 일이다.

(2) 매카시즘 행동대와 돌격 작전

아직도 '안보장사'는 재벌이나 유력자가 큰 돈을 잘 내주는 돈줄 든든한 장사이다. 그러한 단체나 행동대의 활동 비용이 회원의 회비로 유지되는 것은 물론 아니다. 신문에 몇천만 원짜리 광고를 거침없이 깔고도 돈 걱정없이 꿈쩍도 하지 않는다.

인원 동원도 그리 어렵지 않다. 자원 봉사하는 아주머니나 할아버지 외에 일당을 받고 동원되는 일꾼도 부족하지 않다. 특히 교회 단위 동원에는 비용도 절감되고 포교도 한몫을 하니 꿩 먹고 알 먹기이다. 그들이 매카시즘 공세를 할 때 뿌리는 선전물과 전국 방방곳곳에 설치하는 현수막 따위의 비용은 얼마인가? 그뿐이겠는가? 전국 각지에서 동원된 시위 인원의 일당은 얼마나 되고 그 지도부의 수고료는 얼마였을까?

의문사위원회에 걸려 오는 전국 각지의 항의성 전화만 해도 상당한 인원을 동원한 치밀한 기획과 집행임을 알 수 있었다. 그런 바람은 행정수도 헌법소원의 바람 몰이에서나 대통령 탄핵 소동에서도 감지되었다. 아마도 관권의 지원이 결여된 매카시즘치곤 최대의 힘을 발휘한 것이리라. 그러나 그것이 한계였다. 그러한 빨간 칠 몰이를 지도한다는 인물의 면면은 대개 아는 것이고, 특히 그들이 사회 원로를 자칭하고 나섰을 때에는 또 한 번 세상 사람들을 웃겼다. 그들이 독재시절에 무엇을 어떻게 해온 누구인가를 대개 알기 때문이다. 그러나 아직은 만만히 볼 일은 아니다.

(3) 법률 기술자의 묘책으로 쭉정이 법안 만들기

개혁입법이 그 내용의 정당성과 거센 여론으로 말미암아 입법 과정에서 원천 봉쇄를 할 수 없으면, 친일파의 맥을 이어오는 법률 기술자들이 묘기를 발휘하기 시작한다. 그들은 정당 간의 교섭에서 생트집을 잡아서 법조문에 흠집을 내고 엉뚱한 수정 제안으로 시간을 끈다. 특히 위원회 심의 과정에서 법률안 초안 곳곳에 지뢰를 매설한다. 이것이 어수선하고 바쁜 국회의 일정으로 훌쩍 고비를 넘겨서 본회의에서 의결이 되면, 대개 그러한 과정을 거친 법률안은 모순투성이의 쭉정이 법안으로 너덜너덜해진다.

그러면 운영 과정에서 법률 기술자들은 그 해석을 두고 온갖 기교를 부릴 수 있다. 국가보안법 7조의 이적 표현죄 조항을 예로 들어보자. 적을 이롭게 하는 표현이란 해석에 따르면, 김일성도 항일운동을 했다는 학술적 의견을 제시하면 찬양·고무·동조의 죄목에 걸려든다. 술김에 6·25전쟁 당시에 주워들은 '김 아무개 장군의 노래'를 한 구절 부르고서도 징역살이감이 된다. 시골 파출소에서 술 먹고 주정하다가 경찰한테 뺨 한 대 맞고서, "이북에서도 그러진 않겠다"고 홧김에 뱉은 말 한마디 때문에 감옥에 간다. 그래서 '막걸리 보안법'이란 말도 나왔다. 이처럼 매카시즘의 법률 적용이란 "귀에 걸면 귀걸이 코에 걸면 코걸이"로 멋대로 해석되어 사람을 옭아매는 괴물이 된다. 이 묘기를 부려 온 자들은 독재시절을 그리워해서 개혁을 한사코 반대한다.

(4) 안보상업주의 장사

빨갱이 몰이에 나서는 극우단체는 독재시절처럼 독재자의 귀여움을 독차지해 세도가 당당하던 시절은 지났지만, 그들의 황금시절이 아주 끝난 것은 아니다. 지금도 '안보 행사'를 열면 돈이 굴러들어 온다. 예전 관청에서 이들 단체에 부여했던 특전과 특혜는 대개 아직도 남아 있다. 심지어 그 일부는 법률로 보장되고 있다. 그러니 그들에게는 세상에 둘도 없이 좋은 사업이 '안보상업주의'이다. 독재시절에 대학교수가 되는 지름길은 '안보 담당 교수'로서 정보부 추천을 받아 교수 자리를 따내는 것이었다. 평생 안보 과목 하나만을 우려먹으면서 총장까지 몇 번을 한 교수 아닌 교수가 있다. 이들이 모두 극우 반공 매카시즘의 기수이고 투사이다. 그래서 이들은 개혁이라면 치를 떤다. 개혁을 빨갱이 짓으로 매도하고 미

위한다. 그야말로 이들의 광기는 일본의 극우 논객을 능가한다.

(5) 반개혁 이데올로기의 정신적 원군들

정권이 바뀌어도 요지부동으로 꿈적하지 않는 관료사회, 특히 검찰과 법관의 세계는 철옹성이다. 하물며 정보공안기관은 말해 무엇하랴?

그리고 일찍이 임종국이 1960년대『친일문학론』이란 역작을 써서 문단의 친일 반역자를 폭로했지만, 문단을 비롯한 예술계·학계·종교계의 친일 뿌리는 건재하다.

서정주는 일제시절에 일제 지원병 찬가를 부르던 친일 작가에서 이승만을 찬양하는 반공 문인으로 변신해 친일 행적이 모두 면책되었다. 이승만이 쫓겨난 뒤에는 박정희 찬가를 열창했다. 박정희가 총 맞아 죽자 이번에는 전두환 대통령 만들기에 나섰다. 텔레비전에 나와 전두환 얼굴이 달덩이 같고 인자함이 넘친다는 듣기에도 거북한 거짓말을 해대며 돈다발을 뭉텅이로 챙겼다. 참으로 한국에서만 있을 수 있는 일이다.

이런 인간의 탈을 쓴 인간 아닌 인간이 어찌 서정주뿐이랴! 그래서 그의 뒤를 따르는 무리가 갖가지 학술·예술원에 박혀서 천수를 다하며 세월을 보낸다. 이러한 이들이 개혁을 음으로 양으로 못마땅히 여겨서 반대하는 '원로'이고 '유명 인사'이고 '지도자'이다. 그들은 개혁을 저지하는 반동의 울타리가 되고 있고, 또 개혁 반대 이데올로기의 정신적 원군이 되고 있다.

박정희가 일제 왕의 교육칙어를 표절·변조한 '국민교육헌장' 만들기에 손발을 걷고 나선 원로들의 이름을 보면 학자, 교수, 교육행정가, 종교·문화계 명사(?)란 이들의 이름을 볼 수 있다. 여기선 하도 치사스럽고 더러워서 그 이름을 들지 않겠다. 박정희 권력 주변을 얼쩡거린 자들이니 다들 알 만할 것이다.

(6) 외국 극우 세력과의 국제적 연합전선

일찍이 박정희는 기시 노부스케와 세지마 류조 등 그가 숭배하는 일제 군국주의 전범과 유대하여 한국과 일본 극우의 연합전선을 형성하였다. 심지어 일본제국의 특무 공작 두목으로 중국에서 공작을 하다가 패전 후엔 전범으로 투옥되었던 고다마 요시오라는 정치 깡패에게는 대한민국 수교훈장까지 수여하였다. 지금 생각해도 기가 막히고 통탄할 일이다.[35]

박정희 피살 후에도 한국 친일파와 일본 극우의 연계 협조는 더욱 확산되어서 지금은 무시할 수 없는 위세를 부리게 되었다. 그래서 개혁 때문에 궁지에 몰린 한국 친일파는 일본이나 그 밖의 국외의 지원을 받고 있다. 그들은 한결같이 개혁과 과거청산을 좌경, 용공, 친북으로 몰아가는 공세를 펼치고 있다. 한국의 일본 서점에 진열된 일본 극우의 선전물은 잡지와 같은 정기 간행물에서 단행본에 이르기까지 넘쳐난다.

오선화나 김완섭 같은 직업적 친일파로부터 지금은 가수 조영남의 쓰레기 같은 친일 찬양 책까지 일본말로 번역되어 일본의 극우파를 기쁘게 해주고 있다. 그 몇 가지 예로서 김완섭의 『친일파를 위한 변명』이란 책 같지 않은 책이 조영남의 『맞아 죽을 각오로 쓴 친일 선언』보다 이전에 일본말 번역판이 나왔다. 두 책은 어느 것이나 내용을 보면 딱할 정도로 수준이 낮고 유치하다. 오선화는 거기에 비하면 선배 격이랄까? 요즘에는 『반일하는 한국에 미래는 없다』라는 친일 청산을 반대하는 책도 냈다. 일본 극우보다 한술 더 떠서 철저하게 상전을 섬기고 있는 꼴이다.

한편 정대균 같은 이는 일본 출생 2세로서 『재일 한국인의 종언』이란 책에서 재일동포는 일본으로 귀화하라고 주장한다.[36] 그것은 역사를 인식하지 못하거나 또는 잘못 인식하여 재일동포의 역사적 연유와 뿌리, 그 문제 상황을 일본 측의 관점에서 보고 전개한 의견이다. 민족적 편견과 민족주의적 팽창의 무드로 조선·한국 동포를 차별해 왔고, 지금도 차별하는 일본문제를 외면한 입론이다.

물론 조갑제 같은 극우 논객을 내세운 니시오카 쓰도무(西岡力)의 『북조선에 둘러싸인 한국』[37] 따위의 책이 개혁 정권에 대하여 빨간 칠을 하는 것에 비하자면 정대균은 온건한 편이다.

좌익에서 우익으로 변신해 극우 논객이 된 전 조총련계 하신기의 『박정희』란 책을 보면, 박정희를 우국지사이며 한국의 구세주로 신격화하고 있다.[38] 몰라도 한참을 모르거나, 알고도 시치미 뚝 떼는 참으로 치사한 주장이다.

가장 어이없는 책은 김대중과 노무현 두 대통령의 정권을 친북, 좌익, 빨갱이로 몰아서 쓴 이도형의 책이다. 『김대중—한국을 파멸로 이끄는 사나이』와 『북조선화하는 한국』 등이 그런 책들이다. 일제 때 일본말을 배운 구세대 일부가 그런 책의 애독자가 되어서 친일파 시대를 그리워하고, 개혁의 상황을 한탄하며 젊은 세대를 못마땅해 한다.

그러나 생각해 보자. 그들이 진정으로 민족을 위해 그리고 인권과 민주화를 위해 무엇을 하려고 생각이라도 한 적이 있는가? 참으로 염치없는 자들이 사람의 탈을 쓰고 있다는 느낌이다. 하지만 역사는 그렇게 거꾸로 가지는 않을 것이다. 민족 반역의 길을 걸어오며 일신의 부귀영화만을 위해 살아온 그들에게 더 이상의 무대를 제공하지 않을 것이다.

최대 위력을 발휘할 것으로 친일파가 기대를 걸고 있는 무기는 역시 매카시즘이다. 또한 가장 든든한 배경이라 생각하는 것은 외세이다. 일본 극우를 비롯한 각종 외세와의 연계가 그들이 큰소리치는 배경이다. 여기에다 그동안 휘둘러 온 법률 기술의 수법도 건재하고, 안보 귀신의 주문으로 겁주기 등이 먹혀들어 갈 것으로 자신한다. 그들이 수시로 사용해 온 기동 타격의 무기이기 때문이다. 우리는 이 배신의 무기를 민족과 민주의 이름으로 장사 지내야 한다!

3. 뿌리 뽑아야 할 고문의 악습

1994년 교황 요한 바오로 2세는 교회가 범한 가공할 행위에 의해 인권을 침해한 종교재판을 인정하고 비판하는 서한을 전 세계의 추기경에게 발송하였다.[39] 이러한 과거사에 대한 사과는 교회로서 시인하기에 부끄러운 사실이기보다는, 새로운 각오와 개혁의 자세를 보여주는 성실한 모습이었다.

마찬가지로 그보다 이전인 1987년 미국과 캐나다 정부는 그 나라 대표와 의회가 일본과의 2차 대전 발발 직후 일본계 시민을 '적성 시민'이라 하여 황무지에 추방해 강제 수용소에서 죽어가도록 방치했던 사실을 시인하고 사죄했다. 물론 일본처럼 말잔치로 끝내는 것이 아니라 행동으로 했다. 미국은 당시 레이건 대통령이 사과하고 국회 입법으로 모든 이의 명예회복과 함께 보상금을 지급하였다. 물론 캐나다 정부도 같은 일을 했다.

우리가 독재 권력에 기생하면서 죄악을 자행한 반인륜 범죄자를 비롯한 폭정 책임자에게 요구하는 것은 이처럼 구체적인 행동을 통한 사죄이다. 그리고 정부나 국회가 할 일은 피해자의 명예회복과 동시에 정의를 실현하는 입법 조치와 그에 따른 행정 조치이다. 이 점을 왜 모르느냐? 특히 고문과 학살을 자행한 책임자와 그 실행 주범들에게 요구하는 것은 바로 자기 죄과의 시인과 참회이다. 그렇지 않고 고문과 학살을 정당한 것으로 우겨대면 응분의 징벌을 내려야 한다. 만일 그렇지 못하면 고문의 악습은 결코 근절되지 않는다. 이 점을 똑바로 알아야 한다.

개혁한다면서 '독재정권하의 고문백서' 조차도 발간 못하는 나라

나는 1970년대 박정희의 밀고 감시와 고문정치의 폭정이 일상화되는 것을 괴로워하며 그에 대한 간접적·우회적 비판으로 '일제하의 고문실태 연구'란 것을 계획하여 자료를 수집하고 있었다. 그런데 1973년 국제사면위원회에서 『고문보고서』가 나왔다. 거기에는 서승·서준식 형제에 대한 박정희 정권의 고문죄상까지도 수록되었다. 나는 이 고문보고서를 보고 참담했다. 일제하의 고문이 유치원 수준이라면 박정희 시대 정보공안기관의 공공연한 고문과 고문치사는 그 이상으로 비교가 안 되는 무서운 일이란 것을 확인하고 암담한 심정이었다.

특히 놀란 것은 박 정권 때 고문에 종사한 전문 기술자들은 일제시절의 친일파 바로 그자들이거나, 그자들의 제자뻘이 되는 무리란 것을 다시 확인하고서였다. 바로 이것이 중대 문제점의 하나이다.

일제 잔재 청산의 한 가지로 고문의 악습 근절을 위해서는 고문 기술의 반인륜성의 뿌리를 캐내야 한다. 더불어 그 인적 요소인 범죄 주체를 폭로, 비판, 청산하지 않고서는 불가능하다. 이 점을 지나친다면 인권은 설 자리가 없다.

프랑스혁명의 인권선언이 발포된 이후 근대 형사법의 체계에선, 고문이나 자백 편중의 심문 절차는 법률에서 자취를 감춘 것이 되고 있다. 그런데도 고문의 관례·관습은 여전히 남아 있다. 일제하 형사법체제에서도 고문이 합법화되지는 않았다. 그러나 정치범과 사상범에게 고문은 당연히 자행되는 것이었다. 결국 때려죽이고 말려 죽이고 굶겨 죽이는 악랄한 살인 행위의 일상화였다. 그렇기 때문에 고문 기술은 나날이 발전했다.

일제로부터 해방이 되어 정부를 세운 후에는 달라졌을까? 매우 불행하게도 전혀 그렇지 못했다. 일제 졸개와 그 후계자가 고문을 자행해 훈장 타고, 포상 받고, 승진되는 세상이 된 것이다. 항일운동하던 어느 애국자는 일제하 고등계 출신 형사에게 고문당하여 반죽음 상태로 출옥한 후 며칠을 울다가 월북하고야 말았다. 그 지경이 되자 "봐라! 아무개가 빨갱이가 아니냐?" 하고 친일파는 손뼉을 쳤다. 빨갱이를 만든 것인지, 진짜 빨갱이인지 당사자에게 물어봐도 잘 모를 것이다.

"빨갱이는 고문해도 좋다!"는 문민정부의 아무개 장관

군사정권의 아류에 속하는 문민정부 때의 일이다. 야당 시절엔 수난께나 당한 사람으로서 장관이 된 아무개는 월간 『말』지와의 인터뷰에서 빨갱이는 고문해도 괜찮다고 했다. 아마도 매카시스트뿐이 아니라 대부분의 보통 사람도 그렇게 생각해 왔을지 모른다.

6·25전쟁 당시 빨갱이 혐의를 받아 '국민보도연맹원'에 등록된 사람들이 수원 이남에선 모두 집단 학살당한 예가 있다. 그 밖에도 실례를 들자면 몇 권의 책으로 묶을 수 있을 정도이다.[40] 아울러 고문에 대한 문제로는 국가인권인위원회가 2004년에 펴낸 조사보고서인 『국가보안법 적용상에 나타난 인권 실태』도 참고가 될 것이다.

빨갱이로 몰릴까 봐 두려워서 엉뚱한 사람이 무법적 고문으로 맞아 죽어도 한마디 말도 못하고 수십 년을 살아온 사람이 얼마나 많은가? 그런데 그러한 고문 세상을 만들면서 자유민주주의를 수호한다고 날뛰던 무리들은 여전히 건재하다.

나의 이러한 묘사나 표현이 어느 누구를 기분 나쁘게 할지도 모르겠다. 그러나 엄연한 사실은 변하지 않는다. 이 잘못된 것을 바로잡기 위해 사법개혁을 올바르게 해야 한다는 것이다. 또한 경찰과 검찰의 수사권 싸움에서 한걸음 나가서 왜 고문이 있어 왔고, 법률 전문가인 법관과 검찰관은 왜 고문을 막지 못했는지, 그리고 변호사의 역할은 무엇이었는지 등의 문제를 두고 열띠게 토론하길 바란다.

끝나지 않은 고문의 공포

국제사면위원회(AI)가 1973년에 발표한 『고문보고서』를 보고 놀란 것은, 고문 기술의 발달과 의사의 고문 가담 행위 때문만이 아니다. 고문은 원래 범죄를 자백시키려는 수단이었다. 물론 독재정권하에서도 고문이 자백 강요의 수단이었고, 그들에게 자백은 '증거의 여왕'이란 중세 형·사벌

제도를 그대로 답습한 것이었다.

　문제는 정권에 대한 비판자나 반대파를 빨간 칠을 해서 죽이는 수단으로 고문이 이용된 것이다. 고문 후유증으로 병들고 서서히 죽어가는 사람들을 만나보았는가? 나는 1980년 신군부 집권 당시 정보공안기관에 끌려가서 전기 고문을 당한 후유증으로 전화 벨소리만 들으면 발작을 하는 가엾은 어떤 학자를 만난 적이 있었다. 특히 보기에도 딱한 불상한 피해자는 고문의 공포 때문에 정신이상이 되어 평생을 피해망상 공포증 속에서 사는 사람들이다.

　여기서 국제사면위원회 지적을 실감하게 된다. 국제사면위원회의 고문 보고서는, 고문은 정적(政敵)을 말살할 뿐만 아니라 주변 사람 모두를 공포감에 사로잡히게 하여 저항이나 반발의 의지를 꺾어버린다는 점을 지적하고 있다. 대다수 사람들이 잘못 걸리면 나도 저 짝이 된다고 해서 비굴하게 침묵하는 까닭이 여기에 있다.

　일찍이 루쉰은 말했다. 폭군의 학정에 시달리는 백성은 잔혹하게 남이 처형당하는 것을 보고 동정하기보다 오히려 기뻐하고 희열까지 느낀다고 했다. 대역 죄인을 능지처참한다고 하면 너도 나도 구경을 나가 그에게 돌을 던지고, 팔다리가 찢기며 울부짖는 것을 보고는 환호한다. 자기는 저런 참형을 안 당하여 다행이라는 심리가 도사리고 있다는 것이다. 오늘날 우리는 루쉰의 말에서 완전히 자유롭다고 말할 수 있는가?

군사독재가 양육시킨 고문 기술자와 그 관행을 뿌리 뽑자면

군사독재는 폭정으로서도 일제 잔재를 계승한 악질적인 억압 장치를 정보공안기관을 중심으로 발전시켰다. '남산', '동빙고', '남영동 분실', '안가' 등 이런 것이 무엇을 의미하는지 지금 사람들은 잘 실감하지 못할 것이다. 그렇지만 군사정권 시절에는 남산이란 말이 중앙정보부를 뜻하는 것으로서 모든 이에게 공포감을 불러일으켰다.

그러면 지금은 세상이 좋아졌는가? 물론 달라지고 있다. 하지만 확 달라져야 한다. 그렇게 되기 위해서는 독재의 유물인 제도와 법령, 관례와 관습의 뿌리를 뽑아야 한다. 고문과 무법의 가학 학살 행위가 생겨날 소지를 없애는 것이다. 또한 고문 기술자와 그 고문을 지시한 주범들의 정체를 드러내서 청산 대상이 무엇인가를 똑바로 알아야 한다.

말로만 반성을 떠들고 고문의 억울함을 호소하는 것에서 한걸음 더 나아가야 한다. 고문 피해 실태에 대한 의학적·사회학적 실태 파악과 그 조사 검진을 위한 신고와 고발 창구를 마련하여야 한다. 피해자와 함께 고문 주역에 대한 정신병리학적 연구까지도 함께해야 고문의 악습을 뿌리 뽑을 수 있다.

물론 근본적인 제도상의 문제는, 고문으로 유지되는 독재자나 독재정권의 뿌리를 뽑아야 하고 결국 철저한 친일 기득권 부류의 추악한 지배 구조를 청소해야 해결할 수 있다. 그래서 사법개혁이란 차원에서 1) 고문 악습 발생의 정치·사회적 배경과 병리 발생의 원인 2) 군사독재의 요직을 차지한 일제 관료나 그 선례를 답습한 아류의 행태 등에 관한 조사 3) 고문 발생의 정치적 원인 4) 고문 수법의 종별과 그 사용 죄과의 사례 등을 통해 사실을 밝혀야 한다. 5) 마지막으로 고문의 기술과 수법이 물고문으로부터 성고문, 심리적 압박으로부터 인류에 반하는 잔혹한 수법에 이른 것도 그 실상이 밝혀져야 한다.

나는 영국의 저널리스트이자 작가인 앤서니 그레이가 쓴 소설 『사이공』을 읽으면서 프랑스 식민 당국이나 베트남의 독재 권력이 자행한 고문의 실태 묘사에 충격을 받았다. 비록 소설이란 픽션이지만 단순한 픽션이 아닌 사실을 근거로 한 것이니 그럴 수밖에 없었다. 그렇게 무자비하고 잔혹한 독재 권력도 무너져 버렸다. 다시는 인류을 거역한 잔혹사가 되풀이되어선 안 된다는 것은 너무도 지당한 명제일 것이다.

고문 피해자의 입장에서 생각해 보라. 자기의 누이와 딸, 아내에게 온갖 수치와 수모를 안겨주고 잔혹한 방법으로 협박을 하는 권력악을 어떻게 할까? 여인의 가슴에 실뱀을 쑤셔 넣고, 국부를 불개미가 뜯게 하며, 손발을 묶어서 24시간을 가두어 두는 지옥의 섬 이야기는 베트남의 실화였다.

그러나 바다 건너 남의 일만이 아니다. 얼마 전 이 땅의 군사독재하에서도 그에 못지않은 일이 자행되었다. 그 주범을 아직도 근대화의 위인으로 추켜세워서 자기의 기득권을 고수해 가려는 자들을 보면, 연민의 정이 생기기 이전에 나는 분노한다. 우리는 이 고비를 증오만이 아닌 정의 회복이란 대의를 통해 이겨 나가야 한다. 기억하기 싫은 과거사라고 해서 그대로 지나면 되풀이되는 역사를 자초할 수 있다. 그래서 우리는 역사의 교훈을 힘주어 말하는 것이 아니냐?

4. 매카시즘의 역사와 한국의 개혁

일제 치안유지법의 망령들

일본제국의 패망은 독일 나치스의 패망처럼 과거청산의 결정적 전기가 못되었다. 일본에서나 일제 식민지였던 한국에서나 마찬가지로 일제 잔재는 끈질기게 살아남아서 민주화에 걸림돌이 되어 왔다. 그 이유 중 가장 유력한 하나는, 미국이 처음부터 일본에서는 파시즘의 정신적 우상인 천황제를 유지시켰기 때문이다.

1946년 1월 1일, 일본 왕은 방송에 나가 자기는 신이 아니라 사람이며 일본도 신의 국가가 아니라는 고백을 했다. 그리고 헌법에서 천황주권을 개정하려 했다. 그러나 그 후 다시 왕을 신격화하는 분위기가 조성되어 왔고, 천황을 국가원수로 하는 개헌이 시도되고 있다. 이러한 역사 거스르기의 결정적 원인은 천황제 존치와 함께 쭉정이 개혁, 파행적 개혁이 되었기 때문이다. 특히 사법개혁이 실패한 데 원인이 크다.

한편 한국에서는 미군정이 한국인 친일파 관리를 재기용하고 친일파 부류를 친미 세력으로 끌어들였다. 결국 미국은 한국의 일제 잔재 청산이란 대의를 짓밟아버렸고, 역사를 왜곡시켜 민족적 불행의 씨앗을 뿌렸던 것이다.

일본에서나 한국에서나 거의 똑같이 일제 치안유지법하의 '사상검사'는 패전 후 고등경찰이 폐지되는데도 무풍지대였다. 사상경찰을 지도 감독한 주역이 검사인데도 말이다.

여기서 일본의 예로서 사카모토 히데오(坂本英雄) 대심원 판사를 보자. 그는 동경대학의 자유주의 학자인 가와이 에이지로(河合榮治郎) 교수를 유죄 판결하였고, 1942년 조선 독립운동 사건 2심 판결을 한 장본인이다. 그는 판사 재임시 치안유지법 위반 사상 범죄인 처리에 관한 연구서인 『사상적 범죄에 대한 연구』(1928년 작성 보고서)를 출간한 실적에서 보이듯이, 치안유지법 운영의 지도적 이론가로 천황제 파시즘을 옹호한 민주 반역의 사법 관료였다.

그런데 그는 패전 후에도 아무런 심판을 안 받았을 뿐만 아니라 사상·양심을 탄압한 자기의 죄과에 대해서도 반성하거나 사죄한 적이 없다. 관료 직에서 퇴임한 후에는 변호사와 교수로서 명망가로 대접받으며 활약했다. 1974년에는 훈장을 받았고, 1983년까지 존경받는 원로로서 천수를 누렸다. 심판이 없는 일본 파시즘 잔재의 존속과 그 실상을 잘 보여주는 예이다.

우리의 경우도 사법계는 검찰을 포함하여 독재 권력하의 사법 살인 등 정치재판에 대해 반성한 적이 없다. 뿐만 아니라 오판, 엉터리 재판, 정치 탄압 재판이 여전히 되풀이되면서 개혁을 막아 왔다.

문민정부라던 김영삼 시절 당시 김덕주 대법원장이 부동산 투기 때문에 물러난 것 이외에는 독재 권력과 관련해 문제된 것은 거의 없이 독재 권력의 정치재판 판결이 그대로 유지되고 있다. 지금에 와서는 확정 판결을 건드릴 수 없다는 이유로 과거사 조사 대상도 될 수 없다고 하는, 참으로 염치없는 억지 주장까지 들고 나오고 있다.

일제 패전 후 개혁을 지령하던 연합국 총사령부의 '인권지령'은 사상검찰의 가장 악랄한 인권 침해인 예방 구금에 대한 시정과 그 책임자에 대한 숙청은 빼먹고, 사상검찰은 슬그머니 보통 업무로 자취를 감춤으로써 과거의 일은 없었던 일로 덮었다. 그 이후 공직 추방 대상에서도 법조인은 제외되어 개혁의 바람을 비켜 갔고, 나중에는 다시 냉전 기류를 타고 공안검사로 머리를 들게 되었던 것이다.[41]

1925년 일제 치안유지법 체제의 반민주 악법의 실체

미국의 일본 점령군인 맥아더 사령부(연합군사령부)는 왜 치안유지법 체제를 일제 패망 이후 인권지령을 통해 즉시 폐기하도록 했는가? 이 점을 정직하게 살펴봐야 한다.

우선 서구의 자유민주주의 체제는 일찍이 사상·양심·신조·신앙·세계관의 고백을 단죄하는 야만적인 제도를 폐지함으로써 성립 가능하게 된 제도라는 점을 기억하자.

중세의 이단 심문과 마녀재판을 폐기 청산함'으로써 근대 세계가 개시된 이유를 알면 된다. 17세기 청교도혁명 당시 존 밀턴(John Milton)은 『아레오파지티카』에서 권력이 사상·양심·신조를 심사하거나 처벌할 수 없다고 주장했다. 밀턴은 의견이나 정책이 타당한지의 여부는 자유로운 논쟁을 통해 심판하도록 해야 하고, 관료가 학설을 심판할 수는 없으며, 신앙은 개인의 선택에 따른 것이어야 한다는 기본 원칙에 입각한 근대 자유국가의 기본 원리를 제시했다.

이를 후세의 학자는 '진리생존설' 또는 '사상의 자유시장론'이라고 부른다. 칼 슈미트(Carl Schmitt)는 그의 『헌법이론』에서 권력이 사상과 가치관의 심판자로 자임할 수 없고 각자의 자유 판단에 맡겨지는 사항으로 권력의 한계를 명시하여 이를 '중성국가(中性國家)의 원리'라고 했다. 이 초보적인 원리를 깡그리 유린 말살하는 것이 치안유지법 체제의 사상범 처벌과 전향제도였다. 때문에 그 법률의 야만성과 전근대성을 지탄하는 것이다.

그런데 우리의 사정은 해방 후 일제 치안유지법 체제를 국가보안법으로 그대로 계승하고, 그 일제체제하의 고등경찰 관리나 끄나풀을 그대로 간부 요원으로 영입해서 매카시즘의 토대를 마련한 점에 비극이 있다.

어떤 이는 당시에 빨갱이 대책으로 그것만이 유일한 대안이었다고 변명한다. 더 나아가서 친일파 비판은 결국 빨갱이라고 하는 논리로 비약한다. 지금 친일 독재를 비호하는 수구 기득권 부류와 일본 극우는 한국의 개혁을 용공, 좌경, 친북, 빨갱이로 몰아가고 있다.

어느 사회에나 빈부 격차와 불평등은 있다. 그러나 우리는 사회적 정의와 형평이 관철될 수 있다는 희망을 주는 제도가 있어야 한다는 상식을 알고 있다. 이 길을 막아 놓고 억지 논리로 파 놓은 함정에 빨갱이라고 몰아넣어 몰살하는 짓 자체가 반민주성을 드러내는 것이다.

매카시즘이란 무엇인가 다시 보면

　미국의 퓰리처상을 수상한 저널리스트 테드 모건(Ted Morgan)은 『빨갱이 —20세기 미국의 매카시즘』이란 책에서 미국 매카시즘의 역사를 서술해 그 실체와 문제점을 밝히고 있다.[42]

　그는 책 서문에서 매카시즘을 다음과 같은 두 가지 의미로 정의하고 있다. (1) 적절한 증거도 없이 체제에 대한 불충이나 전복 혐의로 공개 규탄을 하는 정치적 행위 (2) 반대자·이단자를 억압하기 위하여 공적인 조사 절차를 이상한 방법으로 이용하는 것.

　구체적 사례를 들면 매카시 상원의원이 주도하는 반미행동조사위원회에 끌어내 조사 심문 과정에서 빨갱이 혐의를 들씌워서 사회적으로 매장하고, 공직에서 추방하며, 심문에 답변을 거부하면 의회 모욕으로 처벌하고, 심문에 답변할지라도 위증죄로 소추하여 궁지에 몰아넣는 수법이다. 이 청문 절차에 소환당해서 직업을 잃거나 사회적으로 매장당한 희생자들이 무수히 많다.

　미국의 20세기 마녀사냥인 매카시즘이 많은 사람에게 엄청난 상처를 입힌 것은 자명하다. 다만 그 광증의 절정은 1950년부터 1954년까지이고, 그 후 매카시의 몰락과 함께 미국사회는 이성을 되찾았다. 각종 국가보안이란 명분의 특별 입법과 충성 심사란 사상 심문처럼 자유민주주의를 희롱하는 변칙이 판을 치기도 했지만, 극렬한 광증이 가라앉은 후로는 매카시즘을 하나의 탈선으로 공인하고 있다. 우리와 근본적으로 다른 점의 일부라 할 것이다.

한국 매카시즘의 역사

한국 매카시즘의 역사는 수십만 명을 집단 학살한 1950년 국민보도연맹원 사건에서 잘 볼 수 있다. 이 사건에 대해선 아직도 정확한 실태 조사가 이루어지지 못하고 있다.

1960년 4·19혁명 후에 피살자 유가족회가 국회에 진정해서 조사를 착수하기도 했다. 그러나 1961년 쿠데타 후 피살자 유족들은 다시 빨갱이 용공분자로 몰렸다. 그래서 그 유족회 대표는 사형선고까지 받고 징역살이를 했다. 그리고 당시에 세웠던 피살자 위령비도 빨갱이 찬양의 상징물이라고 해서 부셔버렸다.[43]

특히 한국판 현대 마녀사냥의 역사는 강준만이 쓴 『희생양과 죄의식— 대한민국 반공의 역사』에 잘 나와 있다.[44] 강준만은 책 맺음말에서 "미국은 해방 정국에서부터 반공을 생존의 조건으로 만들게끔 하는 데 결정적인 영향을 미친 장본인이었다"고 말하고 있다.

사실 친일파는 민족 반역의 죄에 대한 면죄부를 매카시즘으로부터 얻게 되었다. 그것이 이승만 정권 기반의 일부가 되었다. 그 후 박정희는 스스로가 남로당 비밀 간부의 전력이 있으면서도 매카시즘에서 활로를 찾았다. 강준만은 "박정희는 인권과 민주를 요구하는 국민들을 북한 공산당의 사주를 받은 세력으로 몰아갔다. 이런 매카시즘의 '공포정치'는 전두환 정권에까지 계승되었다"고 지적한다.

박정희와 매카시즘

박정희, 그는 누구인가? 그는 친일파가 미화하듯이 구국의 영웅이 아니다. 또한 그는 쿠데타로 집권한 야심가만이 아니다. 그에 대한 평가를 어느 비평가의 글에서 인용해 보자.

> 만주 등지에서 일본군 장교 계급장을 달고 천황의 이름으로 중국과 독립군을 토벌하는 데 앞장섰다는 박정희! 뿐만 아니라 남조선노동당의 군사부장이라는 어마어마한 자리에 있다가 동료 노동당원을 고발하고 살아나서 자기 형의 친구 황태성을 빨갱이라고 하여 죽여버린 잔인할 정도로 무서운 인물 박정희!
> 진짜 빨갱이는 박정희 자신이었으면서도 수많은 민주 인사들을 빨갱이로 만들어내기 위해 잔인할 정도로 고문을 자행했고 정권 연장을 위해 자기를 가장 도왔던 조카사위마저도 권좌에서 밀어냈던 사람이 박정희다.[45]

박정희 18년 기간과 신군부 집권 기간 동안 매카시즘의 칼바람에 목숨을 잃은 사람과 요행히 살아남았어도 고문과 투옥으로 불구나 폐인이 되고 가족 친지가 박살난 피해자들의 한 맺힌 비극은 아직도 계속되고 있다.

그런데도 박정희식 매카시즘의 칼바람 덕으로 출세하고 좋은 시절을 누렸던 무리가 아직도 이승만과 박정희 미화에 돈과 노력을 쏟아 붓고 있다. 살아남기 위한 전략과 전술인 것이다. 그 중에도 박정희 우상화와 신격화는 광증 발작의 단계를 넘어서고 있다.

요즘에는 박정희 시절에 용케 살아남아서 민주 인사로 행세하는 사람까지도 과거를 잊고 박정희 우상화에 어느덧 취해 헛소리를 지껄이고 있다. 자기 말에 책임을 져야 할 사람이 헛소리 하는 것은 꼴불견 정도가 아니라 사회를 해친다는 점에서 심각한 문제다. 아무리 할 말이 없어도 매카시즘을 미화하거나 매카시즘으로 기생하는 정치 권력을 유지한 이를 미화하는 것은 용서받지 못할 일이다.

한국 매카시즘의 죄과

여기서 한국사회 매카시즘의 정치적 역기능을 간략하게 정리하여 청산해야 할 과제를 알아보자.

(1) 한국 매카시즘은 일제 치안유지법 체제의 계승과 그것을 운영하던 친일파(경찰, 헌병, 밀정과 보조원 등)의 등용과 친일 사법 관료를 통해 뿌리를 내렸다.

(2) 특히 고문과 가혹 행위 등 반인륜적 악행을 이어 온 공안기관의 친일파는 반공을 명분으로 한 정권의 주구로서 충성을 다함으로써 면죄부를 얻고 출세의 활로를 텄다.

(3) 매카시즘의 제도 기반은 국보법과 국가 안보란 명분을 내세워 위법·탈법을 뛰어넘어 무법적 행태를 일상화시켜 옴으로써 자유민주주의의 본질적 가치인 인간 존엄과 생명 존중을 철저히 말살시켰다. 온 국민이 공포와 불안 속에서 살았음은 물론이다.

한국의 매카시즘은 정치문화 전반을 오염시켜 사회를 감옥으로 변질시켰다. 그것은 다른 어느 나라보다 추하고 잔혹한 것이었다. 매카시즘의 극복을 통한 개혁 없이는 인권과 민주주의는 존재할 근거를 찾을 수 없다. 이 점이 문제의 핵심이다.

5. 박정희 찬양을 멈추어라!

영국의 왕정복고와 프랑스의 그것이 다른 점

영국의 왕실과 보수 세력은 청교도혁명에서 왕이 '인민에 대한 반역자'로 처형된 사실을 잊지 않는다. 또한 명예혁명에서 재임 중의 왕이 그의 딸과 사위에 의해 쫓겨난 역사의 교훈을 기억하고 있기 때문에 그 위상을 유지해 오고 있다. 왕실과 귀족, 자본가의 특권은 대중이 묵인하기 때문에 존속되고 있다는 엄연한 사실을 항상 염두에 두고 있기 때문에 기득권을 지킬 수 있었던 것이다. 특히 그들 기득권층은 나라가 위기에 처하면 목숨을 걸고 솔선수범을 보이며, 평소에는 봉사와 겸양의 자세를 흩뜨리지 않고자 애쓴다. 현재 재임 중인 엘리자베스 여왕은 독일 공군이 무차별 폭격을 가하던 2차 대전 때 앰뷸런스 드라이버로 봉사한 공주였다.

한편 대륙 프랑스의 왕실과 귀족은 어떠했는가? 혁명으로 루이 16세 부부가 단두대의 이슬로 사라진 역사의 교훈에서 하나도 배우지 못하고 낡은 특권만 고집하며 왕권신수설의 망상에서 깨어나지 못하였다. 결국은 시민 대중을 깔보다가 역사의 무대에서 사라지고 말았다.

오늘날 한국 친일파나 구기득권 부류의 행태를 보면 프랑스 귀족의 시대착오적인 복고 반동을 연상하지 않을 수 없다. 그들 자신 또는 부모 선조나 상전이 저지른 피바다의 죄과에 대해 그렇게도 무심할까? 그리고 그렇게 뻔뻔스러울까? 하긴 일제 패망 이후 60년을 그 특권과 재산을 고스란히 지켜올 수 있었으니 역사의 교훈 따위는 우습게보았을 것이다.

때늦은 박정희 찬양의 노림수와 그 귀결점은 무엇이냐? 박정희뿐만 아니라 그 이상으로 이승만을 신격화시켜 헛소리를 하는 이들이 솔직한 의도가 무엇이냐? 복잡기괴한 해답을 기다릴 것이 없다.

박정희 시절의 폭정을 잊었는가? 재벌에게는 온갖 특혜를 베풀어주고 노동쟁의는 빨갱이로 몰아서 처리했다. 재벌과 권력이 하는 일에 함부로 비판하는 것을 엄금했으며, 민주화를 요구하는 청년 학생들은 빨간 칠을 해서 감옥으로 보냈다. 또 민주를 열망하는 지식인의 이론은 연구실이나 사랑방이란 온실 밖을 나오면 혼쭐을 내고, 사이비 야당을 공작하여 모양새를 갖추게 해서 그들이 말하는 안정을 도모했다.

이 좋았던 시절을 민주화니 개혁이니 해서 몽땅 부셔버리는 것은 빨갱이들의 음모라며 탄식하고 있는 그들로서는 현 세태가 안타깝기 짝이 없을 것이다. 더욱이 국가보안법을 없애자고 하니, 감히 그런 발상조차 할 수 있는가 말이다. 그들로서는 속이 터질 일이다.

박정희와 트루히요

　박정희를 그리워하는 이들이 써내는 글을 일부에서 돈을 아끼지 않고 책으로 만들어서 마구 뿌려 대고 있다. 그것이 약발이 먹히는지 박정희의 공과를 따질 때에 공이 더 많다는 선전이 먹혀들어 가는 것 같기도 하다. 제까짓 게 어디 감히 뭣을 안다고 날뛰냐 하는 친일파의 교만한 우월감이 고개를 쳐든다. 친일파는 해방 후에도 제국대학 출신 숭배 속에서 각광을 받아 왔고, 일제 관리의 전력을 자랑으로 행세해 왔다. 심지어 친일 가문은 아직도 명문 호족이 아닌가? 이것이 그들이 품은 심정이다.

　겉으로는 민주화 타령을 하지만 구기득권을 누려 온 일부 지식인들은 개혁 단계까지 온 지금의 사정을 보고 내심 덜컥 겁이 났을 것이다. 그래서 어떻게 하든지 개혁의 김을 뽑고 속도를 줄이려고 한다.

　그들은 박정희도 잘한 것이 있다느니, 박정희 시대를 공정하게 평가해야 한다느니 따위로 이미 친일파들이 써먹은 궤변을 다시 포장해서 내놓고 있다. 이들 사이비 지식인에게 이젠 그만 속자. 그들의 입론은 몇십 년을 두고 봐도 무엇인가 께름칙하고 애매한 구석이 있다는 것을 왜 아직도 모르는가? 박정희나 신군부 시대는 그 정도나마 발언이 구색을 맞추느라 놔뒀지만, 지금 그들의 곡예와 숫자 채우기 구실은 끝났다.

　나는 박정희를 트루히요와 비교해 본다. 도미니카의 독재자 트루히요(Rafael Trujillo)는 31년을 집권했다. 집권 기간에서 따지면 18년을 해먹은 박정희보다 한 수 위이다. 그리고 트루히요는 그의 심복이었던 정보부장의 저격으로 피살되었다. 이 점에선 박정희가 그를 따랐다.

　나는 박정희가 3선 개헌을 시도할 당시에 트루히요 피살의 사례를 들

어서 이야기를 한 적이 있다.[46]

박정희가 그의 심복인 정보부장의 저격으로 피살된 사연을 보면 트루히요와 공통점도 있으나, 몇 가지 점에서 차이도 있다. 트루히요는 가두를 달리는 차량에서 저격을 받았다. 박정희는 삼천궁녀는 아니었지만 미희들의 술시중을 받다가 저격당했다. 트루히요를 저격한 정보부장은 미국 CIA와 연관이 있었고 거사 후에는 캐나다로 망명했다. 박정희를 저격한 정보부장은 당당히 그의 행동을 변호하다가 박정희 심복인 보안부대장의 칼바람을 맞았다. 그는 김재규 수사를 계기로 하극상을 일으켜 군을 장악하는 쿠데타에 성공했다. 그 후 대법원까지도 제압해 버리고, 김재규의 거사를 변호하던 변호인단도 뭉개버렸다. 그가 바로 전두환이다.

박정희와 트루히요처럼 민중을 억압한 만년 집권의 망상은 망상으로 그치게 마련이며, 국민의 재산을 강탈하는 체제가 역사에서 살아남을 수 없음은 자명한 사실이다. 그런데도 그들은 그러한 역사의 진리를 조금도 생각한 적이 없는 오만함에 사로잡혀 있었다. 하지만 그들 두 사람은 민중의 반역이 두려워서 잠을 제대로 이루지 못했을 것이다. 아마도 트루히요는 저격당하면서 장갑차나 탱크를 타지 않은 것을 한탄했을지 모른다. 또 박정희는 궁정동 잔치 자리에서 철갑으로 만든 방탄조끼를 착용하지 않은 것을 뒤늦게 후회했을지 모른다.

박정희의 궁녀놀이는 사생활문제가 아니다

박정희가 여성 연예인 200여 명에게 손을 대고 그 스캔들이 광인지경에 달해서 문제라는 것을 두고 어떤 이는 그의 사생활문제를 건드릴 것은 없다고 한다. 아마도 박정희가 전제군주였다면 삼천궁녀를 거느려도 할 말이 없다. 그러나 그는 공화국의 공복이다. 그런데도 정보기관의 관리를 동원하고 시민사회에서 용납할 수 없는 온갖 추태를 부리며 국비를 탕진함으로써 국민에게 피해를 주었기 때문에 문제이다.

어떤 이는 클린턴도 르윈스키 추문이 있지 않았느냐고 반문한다. 하지만 클린턴은 CIA를 동원해서 여성을 물색하거나 상납을 받진 않았다. 그의 추문을 검사가 조사하고 탄핵 단계까지 갔을 때에 어느 시민은, "우리는 교황을 뽑은 것이 아니다. 정치를 하는 한 사람을 선거했다"고 했다. 또한 퓰리처상을 받은 클린턴 스캔들 기사를 보면 "클린턴 탄핵 사유는 탄핵의 근거가 아니라, 이혼 사유가 될 것"이라고 하였다.[47] 클린턴은 공기관의 권세를 자기 섹스 충족에 동원한 일은 없다. 그러나 박정희는 다르다. 이 점을 분명히 해야 한다. 대한민국이 민주공화국임을 다시 확인해야 하는가?

군사독재의 유물에 기생하는 박정희의 신도들

박정희 시대는 몰락은 했지만, 박정희 체제에 기생하여 떡고물을 주워 먹으며 돈벌고 명망가가 된 무리를 많이 만들어 냈다. 주로 그러한 부류는 박정희 시대를 그리워하는 박정희의 신도들이다. 박정희 시대가 무엇이었는지 잘 모르는 채 박정희 신화에 속아 온 사람들의 추종과는 질이 다르다.

박정희 시대를 대표하는 몇 사람 중에 손꼽히는 사람으로 이선근이 있다. 그는 만주에서 오족협화회 사무국장을 할 적부터 박정희와는 인연이 있었다. 그래서 박정희의 등장으로 만주 인맥이 고개를 쳐들고 출셋길에 나설 때 그가 빠질 수 없었다. 그는 일제하 친일에서 해방 후에는 이승만 편에 빌붙어서 우익청년단 간부로서 공을 세워 이승만의 인정을 받았다. 대학의 좌익 숙청에 능력을 발휘하고, 정훈국장으로 별을 달았고, 3개 대학의 총장을 역임했으며, 정신문화원이란 어용 학술기관의 원장까지 했다.

그런데 그가 세상을 웃긴 것은 대학총장 취임사로 '유신 정신'과 '새마을 정신'을 든 것이다. 이승만 시절에 한글 간소화를 하겠다고 장관 자리를 타고 앉는 기발하고 몰염치한 짓거리를 한 사람이니 할 말이 없다. 하지만 아무리 그렇다 해도 명색이 대학총장을 하는 인물의 취임사가 이 정도니 기가 찰 노릇이다. 하기는 지금도 박정희 그늘에서 출세 가도를 달린 사람이나 전두환의 집권 공작인 민정당 창당을 거든 인물이 총장 행세를 하니 더 말해 무엇하랴!

군정시절에 민주화에 대한 반역을 직·간접으로 자행한 부류는 거의 예외 없이 박정희 시절을 그리워하며, 개혁을 빨갱이로 매도하고 있다. 그럴 수밖에 없을 것이다. 개혁은 결국 자기들이 설 땅을 없애버릴 테니까 말이다.

정신 차리지 못한 정치인과 지식인의 안이한 발상과 자세

정당 간의 타협과 양보의 흥정거리 정도로 개혁을 생각하는 이들이 있다. 여기서 박정희나 전두환 등이 권력을 장악하고 있을 때에 그 행태가 어떠했는가를 생각해 보라! 그들이 양보하고 타협하고 상생하자고 했었는가? 민주화를 이야기하면 빨갱이로 잡아넣었고, 무자비한 고문으로 없는 죄도 날조해 직장에서 쫓아내고 가족을 파멸시켰던, 그 온갖 만행을 잊었는가?

특히 박정희는 섹스 스캔들로 정적을 망신 주고 매장시키는 짓을 즐겼다. 이병린 대한변호사회 회장도 민권운동을 하다가 간통죄로 몰려 변호사 자격을 박탈당하고 온갖 비난을 받았다.

물론 관용과 용서도 있어야 한다. 그런데 언제 그들이 용서를 빌고 사죄하며 그에 상응한 행동을 하였는가? 정치 과정에서 개혁의 문제는 소풍놀이나 유한층의 카드놀이 게임이 아니다. 우리는 민족으로서나 국민으로서 또는 개인으로서도 개혁은 사활이 걸린 문제라는 것을 깊게 생각해야 한다.

정치인은 그야말로 국민을 위한 일을 해야 한다. 정치인이 돈을 벌고 부자가 되는 나라는 망한다. 세계 어느 나라를 두고 봐도 정치로 돈을 번 사람이 감옥을 안 가는 나라가 있는가? 처칠이 죽은 후에 그의 미망인은 돈이 없어서 처칠의 유품을 팔았다. 고르바초프도 연금으로 살아가기 빠듯해서 강연 등의 일을 하며 생계를 유지하고 있다. 우리처럼 가난한 계층이 많이 있는 나라에서 돈 모은 정치인이 있다면 그는 감옥에 가야 할 사람이 아닌가?

정치인이 일본처럼 건설업자 브로커 노릇하는 나라가 되지 말아야 하겠다. 우리가 그러한 정치인을 도태시키는 주역이 되지 않으면 개혁을 할 수 없다. 개혁을 안 하고 박정희 시절로 돌아가면 어떻게 될 것인가는 새삼 경고하지 않아도 알아들어야 한다. 지금처럼 뻔뻔스럽게 쿠데타와 반민족·반민주의 장본인을 미화하는 얼빠진 작태는 깨부숴야 한다. 박정희 시절을 교묘하게 미화하려는 사이비 지식인들이 더 주절대고 있을 틈을 주지 말자.

6. 정의가 유린되지 않는 사법제도를

우리가 산 어떤 시대

나는 여기서 헝가리의 시인 라드노티(Mikloes Radnoeti)의 시를 인용하여 군사독재 시대를 상상하여 보고자 한다. 다음에 인용하는 시는 그의 죽음과 함께 발견된 유고이다.

나는 어떤 시대에 이 땅 위에서 살았노라.
그 시대는 밀고를 선행으로 본 시대였다.
그 영웅은 살인자이고 도적이고 배신자였느니라.
그를 찬양하지 아니하는 이는 페스트 환자처럼 미움을 받았지.
……

라드노티의 시에서 묘사되는 시대의 흔적을 우리가 살아온 시대 속에서 본다. 그래서 나는 어떻게든 그 시대의 잘못된 찌꺼기를 씻어내는 청산 과업을 말한다.

그 치욕의 시대를 망각의 늪 속으로 묻어버리는 것이 아니다. 그 시대에 잃었던 좋은 것을 되찾고, 그 시대의 잘못된 찌꺼기를 청산하는 것이다. 우리의 처지로 눈을 돌려보면 그 중에서도 일제 관료주의의 병리와 권위주의의 산물인 법률 만능주의 악습을 청산하는 일이다.

원래 일제는 민권이 아닌 군주권 절대를 신의 이름으로 우상화시킨 신권주의를 국가 이념으로 하였으므로 법률은 피지배자에 대한 지배자의 통치 수단이었다. 이 점에서 서양 시민문화의 법률제도는 받아들이지 않고 그 자리를 메운 것이 지배자의 명령으로서의 법률이라는 형식과 내용이었다. 그래서 이러한 일제의 외견적 입헌주의를 신권적인 입헌주의라고 일본제국의 어용 법학자인 호즈미 노부신게(穗積陳重)는 말하고 있다.

우리는 해방 후 일제 법률을 그대로 이어받으면서 말로만 민주주의를 외쳤지 법률의 정신에서 일제 잔재를 청산하지 못했다. 영국의 시민혁명인 명예혁명은 로크의 『시민정치론』에서 보듯이 악법과 폭정에 대한 저항권으로부터 비롯된다.

근대적 시민문화 이전의 중세 스콜라 신학에서도 신의 율법을 배반한 악마를 따르는 세속법은 법이 아니라며 배척할 것을 명하고 있었다. 게르만의 계약사상에서도 지배자가 피지배자와 한 최소한 권익 보장의 계약을 위반하면 복종할 의무가 없다고 했다. 더 거슬러 올라가면 고대 그리스에서도 악법과 참주에 대한 규정이 나온다.

흔히 소크라테스가 "악법도 법이다"라고 해서 독배를 마시고 죽었다고 하지만, 그것은 소크라테스의 의사와 당시 상황을 바르게 인식하지 못하고 법에 대한 무조건 복종을 강변하는 궤변이다. 소크라테스를 재판한 것은 아테네 시민이고 소크라테스의 죄목은 당시 아테네의 신을 중심으로 한 기성 질서에 대한 반항이었다. 여기서 그는 아테네 시민이기를 선택한 것이지 악법을 수긍한 것이 아니다.

"성공한 쿠데타는 쿠데타가 아니다"라는 법가치 허무주의

법률의 이념은 정의여야 한다. 그래서 악법은 법이 아니라고 하는 것이다. 나치의 악법을 집행한 관리나 판사와 검사 20여만 명은 그것으로 인한 책임을 면할 수 없었다. 다시 말해서 악법에 복종한 책임과 악법을 근거로 한 상관의 명령에 따라서 살인, 약탈, 착취 등 인류에 반한 행위를 한 책임을 져야 했다.

독일은 1945년 나치 패망 후, 법률의 세계에서 정의를 회복하기 위하여 헌법(기본법) 제1조에서 인간 존엄과 가치의 존중을 최고의 법이념으로 명시했다. 또한 각 주의 헌법에서 악법과 폭정에 저항할 권리를 정한 조항을 설치했다. 독일의 관료주의 법학에서는 정의를 강조하는 법이념에 대한 명확한 인식을 빼먹었다. 그래서 나치가 들어서도 악법도 법이라고 복종하는, 즉 정의를 포기할 수 있는 구실을 주는 관료주의적 해석학을 발전시켰다.

법기술자 양성의 노예 도덕을 학풍으로 했다는 말이다. 그렇기 때문에 나치 청산과 민주 회복을 위해서는 법정의 회복과 법률가를 양성하는 체제의 전면적 개편이 필요했다. 시민교육 차원과 법학교육이란 전문교육 차원의 양면에서 강구되었다.

그런데 일본제국의 꽁무니를 따르는 친일파 주도의 한국에서 법률 생활은 무엇이었나? 한국은 법해석 기술자 양성과 암기 위주의 고시를 통한 시험 수재만을 양성하는 제도의 틀을 그대로 유지했다. 결국 그러한 제도의 산물에서 나온 법률가가 "성공한 쿠데타는 쿠데타가 아니다"라고 쿠데타를 해석했다. 곧 법가치인 정의의 포기로 나타난 것이다.

1961년 쿠데타를 일으킨 군인 스스로가 깜짝 놀란 것은, 공무원 중에서 헌법을 파괴한 쿠데타에 대해 의문을 제기한 사람은 하나도 없다는 점이었다. 물론 국민들도 오랜 독재에 시달린 탓에 그런 움직임이 없었다는 것이다. 대부분의 서민은 세상일이 어떻게 돌아가는지에 대해 강 건너 불구경하는 방관자였다. 주권자라고 하면서 주권자로서의 책무를 포기한 상태였다.

이러한 우리 역사의 치욕을 되풀이하지 않기 위해서도, 아니 헌법의 기본 인식을 가지기 위해서도 나는 1980년 군사 쿠데타 후에 어느 공청회에서 저항권을 정하자고 주장하였다. 그러자 "세상에서 어느 나라 헌법에 그런 규정을 두느냐" 또는 "위험한 발상이다"라면서 공격해 왔다.

프랑스 제5공화국 헌법도 1789년 인권선언을 승계한 것이기 때문에 저항권을 헌법 규정으로 하고 있다. 또한 쿠데타에 저항하는 의식을 심어야 하는 것이 왜 위험한 발상인가? 2차 대전 후 독일의 예는 말할 것도 없다. 쿠데타를 긍정, 묵인하는 것이 참으로 위험한 발상이 아닌가?

프랑스 인권선언 제6조는 법률은 국민 총의의 표현이어야 함을 강조하고 있다. 법률은 국민의 자유와 권리를 지켜주는 국가 규범이 되어야 한다. 그렇지 않고서 인권 침해를 하는 악법은 법률이 아니라고 말하는 것은 근대법의 정신이다.

국회에서 국민 대표가 법률을 만드는 것은 국민의 권익을 보장하려는 취지에서이다. 따라서 불완전하거나 잘못된 법률이 나오더라도 그러한 악법은 사후에라도 수정, 보완하여야 한다는 것을 전제로 하여 국민에게 법률 준수의 의무를 부과하고 있는 것이다.

무조건 절대 복종만 하라는 것이 아니다. 식민지 노예를 대상으로 한 일본제국주의의 사이비 법치주의를 그대로 받아들인 쿠데타 권력은 법률의 정신을 철저히 유린했다. 그리고 사소한 법기술적 해석으로 트집 잡아서 법망으로 얽어버리는 지배를 해왔다. 더 말해 무엇하랴? 그것은 법과 법기술을 악용한 법률에 의한 독재이고, 법률에 의한 독재와 폭정을 법치로 위장한 사이비 법치주의였다.

악법으로 독재 권력을 지원한 법률 기술자들

독일은 나치 악법의 해석, 적용, 집행에 책임을 져야 할 관리들을 징벌하였다. 패전 일본은 그러한 법치 체제의 개혁을 하지 않았다. 치안유지법 등 악법을 없애고 고등경찰제도를 없애긴 했지만 발본적인 청산이나 정의 회복을 위한 법가치 정립의 구체적 조치를 하지 않았다. 물론 우리도 마찬가지다. 그래서 일제하의 관리가 민주공화국이란 나라에서도 출세하여 지배해 왔다.

쿠데타 권력이 집권하자, 그 줄을 타고 출세하려는 관리의 타성은 독재자의 집권을 더욱 편리하게 해주었다. 군사독재는 일제 36년을 무색하게 할 정도로 장기 집권했다. 일제 36년 동안에도 고등문관시험을 통과해 일제의 고급 관리가 되려고 식민지의 피지배층이 얼마나 안달했는가? 그리고 해방 후 반세기 이상 그들의 일제 관리 경력이 얼마나 당당한(?) 전력으로 통해 왔느냐? 이 점을 냉철히 파악해서 대처하지 않으면 이 땅에서 관료주의의 뿌리를 뽑을 수 없을 것이다.

미국의 사법제도를 보면

어느 나라에서나 법원은 기존 질서를 고수하는 법적 안정성을 꾀하는 파수꾼이다. 그래서 체질적으로 보수성을 타고나는 것이 법원이다. 그러나 그러한 체질이 악법 질서까지 묵인, 방조하는 것은 용납될 수 없다. 나치 시대의 사법부와 법조인에 대해 준엄한 심판과 징벌을 내린 독일의 과거청산이 이를 잘 보여준다. 이는 곧 사법부와 법조인 스스로의 자성과 개혁이기도 하다.

우리는 이러한 전기가 눈에 띄게 나타나지 못하고 있다. 오히려 수구 세력의 반동으로 거꾸로 가는 듯하다.

비교적 온건하게 난국을 타개해 온 것으로 보는 미국의 예도 반드시 그렇지 않다. 1860년대 남북전쟁의 발단이 된 것도 노예제도에 대한 최고법원의 판결을 두고 일어났다. 노예제가 없는 자유 주에서도 흑인을 시민으로 인정하길 거부한 최고법원의 판결이 파국의 방아쇠를 당긴 것이었다.

1930년대 루스벨트가 뉴딜정책을 추진할 때 연방 최고법원이 재산권과 기득권의 편을 드는 수구 판결을 고집하자 대통령은 사법부 개혁안을 국민과 국회에 직접 제시했다. 최고법원 판사를 대통령이 임명할 수 있게 해서 70세 이상의 고령 판사들의 사고방식과 가치관의 포로로부터 해방시키겠다는 대담한 시도였다.

결국 법원 측이 개혁입법을 수긍하는 판결을 함으로써 루스벨트가 대안을 철회했고, 최고법원은 시대의 요청을 거스르지 않는 법의 수호자로서 위상을 지켜나갈 수 있었다.

우리에게는 패전 후 독일과 뉴딜정책 당시 미국의 두 사례가 참고될 수 있다. 그러나 일본에서 패전 후 진행된 사이비 개혁의 뺑뺑이 돌리기는 결코 참고할 것이 못된다. 그리고 서구에서는 국민이 배심과 참심으로 사법에 참여하고, 판사의 임명에 직접 또는 간접으로 참여하는 제도의 버팀목이 되고 있음을 지나쳐선 안 된다.

사법제도와 관련한 청산 과제

1. 사법 관료주의와 특권적 권위주의의 부조리는 일찍이 인사제도로부터 전관예우 관행에 이르기까지 그간에 드러난 것부터 정리하여 제도를 통해 고쳐야 한다.

2. 군사독재 기간 중에 불법적으로 남발된 계엄포고령과 졸속 정치재판으로 희생된 피해자에 대한 전반적인 명예회복 조치를 해야 한다.

3. 명백한 정치재판이고 탄압의 일환인 각종 재판에 대하여 그 효력을 무효화시켜 피해자의 명예를 회복시키고 보상하라. 이른바 '확정 판결'이란 허울을 씌우고 정치재판과 엉터리 판결까지 감싸고도는 잘못된 법질서 인식에서 탈피하여 정의를 회복하여야 한다.

4. 사법개혁의 주체는 국민이다. 개혁의 대상이 되는 관료나 책임자들은 자성하고, 개혁의 권한과 역할은 국민에게 있음을 확인하라.

5. 무엇보다 군사독재 시절 법기술자로 지원한 것에 책임을 질 사람은 응분의 반성과 함께 책임지는 자세를 국민 앞에 보여라. 그래야만 사법개혁의 실마리를 풀 수 있다.

7. 전두환은 박정희의 정통 계승자

지금 왜 '전두환 문제'인가?

쿠데타로 정권을 탈취한 두 군인 박정희와 전두환. 그 중 전두환은 박정희처럼 피살되어 역사적 인물이 되지 못한 현존의 인물로 자신이 뿌린 씨앗의 열매를 손수 거둬야 할 처지에 있다. 그의 집권기에 떼돈을 번 사람이나 벼락출세한 이들, 또한 사회 원로가 되어 행세한 무리 등은 전두환에 대한 곱지 않은 눈초리에 마음이 편치 않을 것이다. 전두환은 박정희 다음으로 오래 집권한 대통령이기 때문에 그와 인연을 맺은 사람도 그만큼 많다.

한편 전두환은 누구에도 뒤지지 않는 박정희의 '정통 계승자'다. 전두환은 세지마 류조를 충실히 모셨다. 세지마가 박정희의 스승이자 대부인 것은 알 만한 사람은 다 안다. 심지어 전두환은 1979년 12·12쿠데타 때도 당시 일본대사에게 거사를 미리 통고하는 충성심을 보였다. 그 후 그는 세지마 류조의 충고와 교시를 받들어 민심 수습을 위해 올림픽 개최라는 계획을 세웠으며, 일본 수상 나카소네를 초청하기도 했다.

전두환은 지금 우리에게 어떤 의미인가.

무엇보다 '전두환 문제'는 그의 쿠데타가 공식적으로는 적법성을 상실했는데도 그 마무리가 깔끔하게 되지 못한 데서 비롯한다. 1990년 3당 합당으로 군사정권의 양아들로 들어간 김영삼은 거꾸로 전두환과 노태우를 군사반란과 내란죄로 기소해 유죄 판결을 받게 했다. 거기까지는 잘나갔지만, 김영삼은 그 마무리를 짓지 못하고 물러나 김대중에게 바통을 넘기고 말았다.

후임 대통령 김대중은 그들을 특별사면했고, 모든 문제는 원점으로 돌아갔다. 그 결과 '전면 무효화'에 이르는 합법적인 조치를 통해 인적 청산까지도 전·노 두 사람의 개인적 과오 문제로 축소되고 말았다. 온정주의적 사후 변칙 처리가 전두환 문제를 원점으로 돌리고 만 것이다.

전·노에 대한 특별사면은 김대중 개인의 입장에서는 관대함과 군자다운 용서라는 덕을 보인 것이었다. 하지만 지금 정치는 봉건적인 '삼국지' 시대의 정치 감각을 요구하지 않는다. 중남미 국가의 헌법을 보면 전임 대통령이나 주요 공직자에 대한 대통령의 사면권을 제한하고 있다. 또 닉슨의 몰락으로 후임 미국 대통령이 된 포드는 첫 번째 조치로 닉슨을 사면했는데, 그것은 그의 최대 실책이자 과오가 됐다.

박정희와 전두환 : 집권 과정과 수법 비교

1) 친일 전력 문제

박정희는 일본제국주의 관동군 산하 괴뢰정권인 만주국 신경군관학교에 혈서 지원해 친일파로 입신했다. 이후 그는 친일파로 발 벗고 나섰고, 그의 반민족적인 행적은 아직도 문제가 되고 있다.

전두환은 일제 패망 후 사회인이 되었기에 식민지 시대의 친일 문제는 없다. 하지만 그는 박정희 아래의 정치군인으로, 박정희와 같은 친일 노선을 걸어간 '신생 친일파'다.

2) 군대 내 위법·범법 문제

박정희는 장교로 복무할 때 남조선노동당(남로당) 비밀 당원 군사책으로 암약한 혐의로 군사재판에서 유죄 판결을 받고 불명예 제대했다.

전두환은 박정희처럼 공산당과 관련된 전력은 없다. 다만 '하나회'로 알려진 군대 사조직을 구성해 그것을 쿠데타의 모체로 삼았다. 일본제국 군대의 사조직인 '사쿠라 모임' 같은 것을 전두환이 만든 것은 박정희의 영향이다. 박정희는 일본의 '명치유신(1867년 왕정복고 형식을 취한 막부 타도와 근대국가로의 개혁)'과 '소화유신(1930년대 일부 군인들의 극우적 발상에 의한, 쿠데타를 통한 개혁 시도)'을 숭배하고 추종했다.

3) 정보장교로서 경력

박정희는 정보장교 출신이다. 불명예 제대 후 6·25전쟁 전에도 육군 정보기관에서 무급 문관으로 근무한 전력이 있다.

전두환은 박정희 측근을 맴돌고 보안사령부나 특전대를 지휘하던 정보통이었다. 특히 박정희 피살 후에는 중앙정보부 부장까지 겸임하고 합수부를 장악해 김재규에 대한 수사와 처형을 주도했다. 그리고 군 정보기관인 보안사령부를 장악해 광주항쟁이 일어났을 때 군의 실세가 되어 진압을 지휘할 수 있었다.

4) 쿠데타의 전략과 전술

박정희는 일제 치하 만주에서 보낸 군대 시절 인맥을 주축으로 3천여 명의 군인을 동원, 미국의 묵인하에 5·16쿠데타를 일으키고 집권했다.

전두환은 1979년 군 통수체계를 뒤엎은 하극상 12·12쿠데타로 계엄사령관인 상관 정승화를 납치했고, 1980년 5·17 비상계엄 전국확대조치에서는 군부대 책임자를 연루시키기도 했다.

한편 박정희는 쿠데타 직후 '군사혁명위원회'를 구성해 정권 장악을 정당화하는 데 이용했다. 또 민주당 구파인 윤보선 대통령이 신파인 장면 총리에 대해 나쁜 감정을 지녔던 점을 이용해 묵인, 동조하게 만들었다.

전두환은 최규하 대통령 권한 대행을 제압하는 수법을 썼다. 물론 전두환의 '국가보위입법회의'는 박정희의 '국가재건최고회의'를 모방, 답습한 것이었다.

5) 쿠데타 후 조치

박정희는 쿠데타 후 즉시 기존 헌법기관의 일부 해산(국회)과 접수(정부), 장악(법원) 등으로 권력 핵심부의 주도권을 잡았다. 그렇게 권력 장악을 기정사실화하고 그 위세로 국민들을 어렵지 않게 굴복시킬 수 있었다. 그리고 정당, 사회단체, 민주·통일·노동 운동 조직을 탄압하고 해산시켰다.

수법에서는 전두환도 유사했다. 그는 군 정보기관을 비롯, 정보공안기구를 확실하게 장악했기 때문에 순조로워 보였다. 하지만 광주를 위시한 국민들의 반발에 부딪히게 되자 광주를 무력으로 진압했고, 이는 그의 최대 오점이 됐다. 전두환은 구 정치인인 김종필이나 이후락도 과감하게 숙청 대상으로 삼았다.

6) 쿠데타 후 동료 숙청

박정희는 쿠데타 성공 후 만주국 출신 동료들을 대부분 숙청했다. 전두환은 그에게 도전할 라이벌이 없었다. 그럴 소지가 있는 문제의 인물은 12·12 당시부터 제거하기 시작했기 때문이다.

7) 통치 수법

군사정권의 기본 통치 수단은 계엄 등 긴급권 발동과 정보 공작이다. 박정희 정권은 몰락할 당시까지 양자를 통해 연명했다.

전두환 정권은 정보공안기관이 전국의 기업과 노조, 학원, 지역 마을을 거미줄처럼 얽어서 감시 통제하는 정보정치를 펼쳤다. 1990년 윤석양 이병이 폭로한 보안사 민간인 사찰에서도 드러나듯 전두환 시기에는 정보공안기관이 모든 국민을 감시하고, 모든 언론을 통제했으며 거기에 정치가 놀아났다. 물론 박정희식 정보정치의 연장선상이긴 했지만 그 수단과 방법이 거칠고 군 정보기관이 전면에 나섰다는 점이 달랐다.

전두환 정권은 1980년 광주에서의 유혈 진압에 대한 국민들의 분노를 잘 알고 있었기 때문에 군 동원을 자제할 수밖에 없었다. 그들도 군대가 정치적으로 나서는 시대는 지나가고 있음을 느꼈을 것이다. 또 미국이 군대 동원을 견제하기도 했다. 결국 1987년 6월 시민항쟁에 의해 경찰이 무장 해제되어도 계엄을 선포하지 못하고 유화적 기만책을 일삼다가 6·29 선언을 했다.

전두환은 누구인가?

1) 쿠데타 주역이자 하나회 리더, 정치 연출의 총지휘자

지금까지 우리는 전두환이 헌법 질서를 뒤엎는 쿠데타를 12·12의 하극상에서부터 1980년 5·17의 확대비상계엄을 통해 이루어내고, 1961년 박정희 쿠데타의 파생물인 '국가재건최고회의'를 모방한 '국가보위비상대책위원회'를 '국가보위입법회의'로 발전시키는 묘기를 봤다.

박정희가 '국가재건최고회의'를 군인 일색으로 한 것과 달리 전두환은 '국가보위입법회의'를 명망가로 행세하는 교수, 판검사, 전현직 관료, 대학총학장, 종교인 등으로 채워 거수기 노릇을 시켰다. 그리고 중요한 법률을 대량 양산했는데 아마 정상적인 국회라면 몇 년이 걸릴 만한 분량의 작업이었다. 언론탄압법(언론기본법)을 비롯, 인권 탄압을 낳은 사회보호법이나 삼청교육대 조치 등이 이때 만들어졌다.

2) 대통령으로 가는 길 닦음, 헌법 개정

최규하를 꼭두각시 대통령으로 두었던 전두환은 스스로 대통령이 되기 위해 헌법을 개정한다. 1980년 제8차 개헌은 바로 '전두환 헌법'인데, 이 개헌의 핵심은 '대통령 간접선거'다. 박정희의 영구 집권과는 다르게 보이기 위해 '통일주최국민회의'를 '대통령선거인단'으로 이름만 바꾸고 그 인원도 약간 조정했다. 이 개헌은 대통령 임기를 7년 '단임'으로 한 것 등에 힘입어 새로운 제도처럼 눈가림할 수 있었다.

3) 국정 전반을 군 정보기관 중심으로 개편

전두환의 집권 구조는 박정희처럼 정보기관을 통해 조직, 편성됐다. 다만 전두환은 군 정보기관이 그 주축이었다. 입법·행정·사법 등의 요직을 자신의 지지자들에게 안배하고, 정당과 언론 등 사회 각계에 대한 조정·통제·재편성을 단행했다.

특이한 점은 김종필이나 이후락 같은 구 정치인들을 철저하게 배제하고 거세해, 그야말로 전두환 시대를 만들었다는 것이다. 당시에는 그것을 '정의사회 구현'이라고 칭했다.

나는 『전두환 체제의 나팔수들』이라는 책에서 당시 실태를 다뤘다.[48] 일제시대에는 침략전쟁의 대포밥이 되는 지원병을 찬양하고, 이승만을 나라님으로 받들더니 박정희에 빌붙던 무리가 계속해서 전두환 시대를 구가하는 것을 보고, 나는 우리 사회 명망가들에게 실망할 수밖에 없었다.

개혁을 비켜가게 한 전두환 문제의 잘못된 처리

전두환 문제 처리를 시작한 김영삼 정부는 3당 합당으로 집권했기 때문에 태생적 한계가 있었다. 김대중 정권은 전두환과 노태우 등 국사범에 대해 너무 조급하게 특별사면이란 은전을 베풀었다. 결국 인심을 쓰고도 뺨 맞는 꼴이 됐지만 말이다. 특히 김대중은 박정희와 전두환 등 역대 군사 정부의 매카시즘에 만신창이가 된 인물이다. 하지만 김종필을 집권 울타리로 세워야 하는 한계 때문에 그 본래 모습을 발휘하지 못하고 과도적 역할을 하는 데 그쳤다.

노무현 정부는 김영삼과 김대중 두 정부 때 건드려 놓기만 한 개혁 과제를 정면 돌파하기는커녕 '여소야대' 국회와 수구 기득권 편인 사회 명망가나 재벌의 딴죽 걸기에 걸려서 비틀거리고 있다.

여기서 전두환 문제를 그의 사적인 문제가 아니라 공적인 사항으로 접근해 보자.

1) 공인으로서 전두환의 태도

전두환은 1988년 11월, 광주민주화운동 유혈 진압과 5공 비리 진상규명문제가 불거지자 자기 집을 나와 백담사에 들어갈 때 발표한 성명에서 국민들에게 약속했다. 자기의 모든 재산을 국고에 헌납한다고 말이다. 이 말 하나만 따져 보자. 2003년 법정에서 그는 재산이 29만 원밖에 없다고 했다(2005년 현재까지 그가 체납한 추징금은 1800여억 원). 만일 은폐된 재산이 발각되면 그것은 강제집행면탈죄다. 물론 그간의 행적으로 봤을 때 그가 정직하게 답했다고 믿기는 어렵다.

2) 왜 국민세금으로 전두환의 실정(**失政**)을 배상하는가

쿠데타와 집권 유지를 위해 전두환 시절에 있었던 각종 입법과 재판, 행정 처분 중에서 반민주성과 불법성이 명백한 것을 시정하는 입법 조치는 찾아볼 수 없다. 전두환에게 책임이 있는 불법 행위에 대해서도 정부는 구상권을 행사하지 않고 있다. 왜 전두환 무리가 저지른 불법 행위에 대한 배상과 보상을 국민세금으로 하는가? 지금까지 전두환 시절의 엉터리 재판이 시정된 것은 '김대중 내란음모 사건' 뿐이다.

3) 전두환 재임 기간은 도둑 전성시대

　전두환 문제를 이대로 개인의 것으로 두면 박정희가 세월이 지나 우상화되어 영웅으로 둔갑하는 식의 상황이 되풀이될 수 있다. 전두환 시대는 박정희 시절 못지않은 도둑 전성시대였다. 세간의 좀도둑이 아니라 국고를 털어 먹고, 국민의 돈을 강탈하고 횡령하는 간 큰 도둑의 시대. 그래서 감옥에서는 도둑들이 "나라 도둑질한 큰 도둑은 행세하고 좀도둑만 얻어 터진다"고 탄식했다.

전두환 폭정의 악몽이 '낭만시대'로 찬양돼서야

　나는 오늘날 박정희 시대가 칭송되는 요술처럼, 전두환 폭정의 악몽이 '낭만시대'로 찬양받는 세월이 올까 걱정이다. 어느 시인은 전두환의 56회 생일잔치에 시 한 수를 바쳤다. 여기 그 일부를 인용한다.

　　전두환 대통령 각하 제56회 탄신일에 드리는 송시

　　한강을 넓고 깊고 또 맑게 만드신 이여

이 나라 역사의 흐름도 그렇게만 하신 이여
이 겨레의 영원한 찬양을 두고 받으소서

새맑은 나라의 햇빛처럼
님은 온갖 불의와 혼란의 어둠을 씻고
참된 자유와 평화와 번영을 마련하셨나니

잘사는 이 나라를 만들기 위해서는
모든 물가부터 바로잡으시어

(중략)

이 겨레의 모든 선현들의 찬양과
시간과 공간의 영원한 찬양과
하늘의 찬양이 두루 님께로 오시나이다

이 시는 서정주가 1987년 1월 1일 쓴 것이다.

시인 서정주는 일제 상전에 하던 행위를 이승만에게 하고, 그 다음에는 박정희에게, 또 전두환에게 했다.

1995년 국정감사에서 밝혀진 사실에 따르면 전두환과 노태우 시절 군대에서 사망한 사람은 8,951명이다. 1965년에서 1973년까지의 베트남 전쟁 파병으로 5천여 명이 전사했다는 점을 생각해 보자. 전쟁도 없는 상황에서 이렇게 많은 군인이 죽어 나간 군대가 세상 어디에 또 있을까? 전두환과 5공화국을 청산해야 하는 이유는 이것 말고도 많다.

지금 살아 있는 우리가 할 몫은 전두환 문제를 올바르게 처리하는 것이다. 우리는 그 시절이 어떠했는가를 잊지 말아야 한다. 그리고 또다시 속지 말아야 한다. 그것이 역사의 교훈이다.

4부
싸움은 끝나지 않았다

1. 법의 세계와 민중의 세계
― 전쟁과 독재의 시련 속을 살아온 법학자의 소견과 전망[49]

먼저 드리는 말 : 내 인생의 4·19혁명과 5·16쿠데타

1960년 4월 혁명의 승리로 인한 독재자 이승만의 퇴진은 나에게 개인적으로도 새로운 세상이 열리는 것이었고 한없이 보람찬 삶을 약속하는 것으로 느껴져 가슴이 벅찼습니다. 유난히도 나만이 그렇진 않았겠지만 적어도 당시의 내 기분을 솔직하게 표현한 것입니다. 왜 그랬을까요?

1960년은 내가 대학의 전임강사로 교단에 첫발을 내딛은 해이고, 이승만이란 독재자가 민중의 힘으로 마침내 권좌에서 쫓겨나고 민주주의가 시작되는 해라고 보았기 때문입니다. 헌법을 담당한 나는 새 헌법의 교과서가 미처 출간되지 못했었기 때문에 신문에 게재된 헌법 조문을 참고해 조문별로 해설해 나가는 방식으로 강의를 했습니다. 민주주의가 열매를 맺게 된다는 기대로 감격에 벅차 있었습니다. 그 당시에 나는 나이도 젊었지만 야간 강의까지 스무 시간 가까운 강의를 강행했습니다.

하루하루가 꿈처럼 지나갔습니다. 1961년 1학기 5월에 들어서면서 민주화에 소극적인 듯한 장면 정부의 태도가 불만스러워서 글도 쓰고 연설도 하면서 기세를 올리던 중에 5·16쿠데타를 맞았습니다.

내가 이승만을 독재자로 보아 본격적으로 의심하고 싫어하게 된 것은 무엇보다 집권 연장의 야심을 드러냈던 정치파동 사건 때부터입니다. 나는 1952년 정치파동 당시에 이승만의 테러리즘 수법을 비난했다는 이유로 경찰서 사찰계(주로 좌익 정치범 담당 부서)에 끌려가 고역을 겪었습니다. 이승만의 처사를 비난한 것에 대해 경찰은 내가 감히 주제넘게 나라님(다시 말해 국부님)을 비방하는 것은 빨갱이나 하는 짓이라 했습니다. 아니 나라님을 비난하는 것 자체가 빨갱이의 행실로서 벌 받을 일이라고 하면서 뺨을 때리고 발길질을 했습니다.

우리가 군주를 받드는 것도 아닌 민주국가에서 사는데 국부나 나라님이 어디 있느냐고 하자 그들은 "이 새끼, 민주주의 좋아하네"라고 빈정거리며 내 머리통을 벽에다 쾅 쾅 짓이겨 대면서 모욕했습니다. 그들은 내가 일본 잡지를 보고 시국을 논하는 것도 되먹지 못한 일이고 말이 많은 빨갱이의 짓거리라고 했습니다. 중국 공산정권에 대한 호의적(?)인 평가가 그런 증거이고, 미국 폭격기가 압록강에서 격추당했다고 하는 보도를 퍼뜨리는 것은 이적 행위로서 더욱 안 될 일이라고 했습니다. 결국 그들은 일본말로 빨갱이란 뜻인 '아카'라고 나를 몰아세웠습니다.

사실 말투나 고문 솜씨로 봐서 그들은 일제 식민지 시절 일제 경찰의 끄나풀 정도는 한 것 같았습니다. 이 일을 당하고부터는 그들 정체가 한층 더 선명하게 드러나는 듯했습니다. 결국 당시 사정을 보면, 해방 이전에 일제 졸개 노릇을 하던 자들이 고스란히 이승만 정부의 요직을 차지한 것이었습니다. 해방 후 미군정하에서 친일파가 다시 행세하는 것을 무수히 보고 겪었지만, 이때의 경험과 인상은 평생토록 머리에서 지워지지 않고 있습니다.

1961년 5월 16일, 나는 강의를 하느라고 학교에 있었습니다. 그런데 오후부터 형사들을 앞세운 헌병들이 군용 지프차를 타고 학교로 들이닥쳐서 교원노동조합 간부직을 맡은 교수들과 민족자주통일협의회와 관련이 있는 교수들을 잡아가기 시작했습니다. 나는 당시 재직하던 대학 소재지가 객지이기 때문에 단체 가입이나 활동을 별로 한 것이 없었습니다. 그렇지만 나와 가까운 교수들이 잡혀가는 것을 보면서 겁이 났습니다. 더욱이 쿠데타를 정당화하는 혁명공약이란 문건에선 "반공을 국시의 제1"로 한다고 했는데, 6·25전쟁 발발 이후 보도연맹원을 모조리 잡아다가 집단 학살했다던 소문 아닌 사실이 떠올라서 더욱 겁이 났습니다. 그 당시도 반공을 이유로 집단 학살을 자행했고 그에 대해 아무도 말을 못하고 있으니까 말입니다. 나는 좌익도 아니고 그렇다고 서북청년단 같은 극렬 우익도 아닌 방관자 비슷한 입장에서 살아왔기 때문에 세상이 바뀔 적마다 허둥지둥하며 불안했습니다.

그러나 당시 나는 헌법을 강의하는 사람으로서 박정희 일당의 정권 탈취는 결코 혁명이라고 볼 수 없었습니다. 그것은 분명히 헌법 질서를 전복한 반란이었습니다. 결국 그 쿠데타는 4·19혁명에 대한 반역이고 정치 반동인 것이 분명했습니다. 당시로서는 박정희가 일제 만군 하급 장교 출신이며, 한때는 남조선노동당 비밀 군사부장으로서 좌익이기도 한 과거가 있는 사람이란 것은 몰랐습니다. 1963년 대통령선거전에서 윤보선 씨의 폭로로 그러한 사실이 외신에 보도되면서 조금씩 알게 되었습니다.

결국 나는 이런저런 일을 겪은 끝에, 내가 평생의 이상과 소원으로 하는 인권을 보장하는 세상이 되려면 민주주의가 실현돼야 하고 민주주의를 한국에서 하자면 무엇보다 일본제국주의 잔재를 청산해야 한다는 생각을 더욱 확실한 소신으로 굳히게 되었습니다.

그 이후 나는 내가 현직 교수로서 2002년 퇴임할 당시나 그 이후 지금까지도 인권과 민주주의 그리고 일제 잔재 청산을 삼위일체로 한 과제를 위해 40여 년의 세월을 노력하고 투쟁을 하면서 살아오고 있습니다. 이러한 과정 속에서 생각해 온 바를 정리해 보겠습니다.

1. 서민이 살아가는 법의 세계
― 법치가 아닌 관치(官治)와 인치(人治) 그리고 무법자 세계

우리는 '법치국가'라는 말을 합니다. 그러면 솔직하게 서민 대중이 현재 이 나라가 법치국가라고 믿고 있다고 보십니까?

아마도 서민 대중의 법의식이나 법률관을 표현한다면 다음과 같은 말이 더욱 솔직한 표현일 것입니다.

"법은 멀고 주먹은 가깝다."

"돈 있는 놈은 무죄가 되고, 돈 없는 놈은 죄가 된다(유전무죄 무전유죄)."

"재판질(訟事) 10년에 집안 망한다."

"감옥과 재판소는 안 가는 것이 상팔자."

"일선에서 총 맞아 죽을 때 '빽' 하고 죽는다."

"법망에 걸리는 것은 피라미들이고 큰 도둑은 대로를 활보한다."

이것들은 근대법이 통하지 않는 잘못된 우리 사회를 풍자한 말들입니

다. 지금은 그래도 세상이 많이 달라졌습니다만, 아직도 갈 길은 멀고 할 일도 많습니다.

여기서 나는 세 가지 점만은 꼭 짚고 넘어가겠습니다.

하나는, 우리 사회에서 연줄 없이 가난하고 무식한 사람에게는 소송을 통해서 자기 권리를 지키고 찾는다는 게 아직도 현실이 아닙니다. 서민이 재벌에게 피해를 당해 소송을 한다면 집안 망하고 신세 망치기 십상이 아닐까요? 몇 달 몇 년이 걸리는 재판 과정에서 살아남는다고 보십니까? 나는 인권문제를 다뤄 오면서 법 때문에 피해를 당하는 사람들을 많이 보아 왔습니다.

다음으로, 일제시대부터 해방 이래 지금까지도 우리는 치안유지법과 그 후속법인 국가보안법의 지배하에 살고 있습니다. 이 매카시즘 지배의 특징은 한 번 '빨갱이'라고 찍힌 혐의자는 법의 보호를 받지 못한다는 것입니다. 빨갱이라고 의심되는 사람은 죽여도 좋다고 하는 묵인된 법 아닌 법은 1950년대에 보도연맹원 20여만 아니 30여만 명을 죽였습니다. 그래도 이제까지 아무도 그 살인 행위를 사죄한 적이 없습니다!

내가 의문사진상규명위원회 위원장을 하던 2004년 7월, 이른바 비전향 장기수란 이들에 대한 의문사 결정을 했을 적에 일부 극우가 빨갱이를 비호하는 의문사위는 마찬가지로 빨갱이들이라고 규탄했습니다. 그래서 내가 우리 법에선 사람은 누구나 그 생명과 안전을 보호받을 권리가 있다고 하자, 그런 법이 어디 있느냐며 오히려 달려들었습니다. 특히 전력이 빨갱이면 법의 보호조차 필요가 없다는 논리였습니다.

그러면 박정희 자신이나 주변의 전력이 남로당원이었던 것은 예외냐고 하니까 답변이 궁색해지자 우물쭈물했습니다. 그러면서도 여전히 빨갱이 말살 타령은 그치지 않았습니다. 그래서 내가 그렇다면 "당신들은 무법을 인정하고 결국 법치국가를 부정하는데, 그것이 자유민주주의냐?"고 하니까, 바로 그러한 논리를 내세우는 나에게 빨갱이라고 소리를 지르며 억지를 썼습니다.

나는 그러한 무법으로부터 법을 지키는 것이 자유민주주의라고 가르쳐 왔기 때문에 그런 논법에는 그때나 지금이나 결단코 승복할 수 없습니다.

세 번째 말씀드릴 것은, 이러한 무법이 통하면 강자의 법이 정의가 될 뿐만 아니라 법기술과 법제의 헛점을 교묘하게 악용하는 악인들이 이득을 보는 법비(法匪)의 세상이 된다는 것입니다. 여기에 더 자세한 설명이 필요하지는 않을 것입니다.

여러분도 아시듯이 법이란 제도는 강제 장치이자 자유를 보장하는 장치라는 두 가지 면이 있습니다. 법이 자유와 권리를 보장하는 장치로 구실을 하지 못할 경우에 그 법의 피해자에게 법을 준수하라는 말이 통할 수 있겠습니까?

문제의 실마리를 여기서부터 풀어 가야 한다고 생각합니다.

2. 구시대의 잔재 청산은 인권 보장의 전제 조건이다

(1) 개혁은 혁명보다 어렵다

베링턴 무어(Barrington Moore)란 미국 사회학자의 『독재와 민주주의의 사회적 기원』은 1960년대 나온 책으로서 지금은 사회과학의 고전이 되었습니다. 아주 오래전 책으로 지금 세대는 잘 보지 않습니다. 그렇지

만 나는 답답할 적이면 이 책을 가끔 봅니다. 한국에도 번역판이 나와 있습니다.[50]

이 책에서는 시민혁명의 유형과 그 좌절 사례를 분석하고 있습니다. 결국 시민혁명을 회피한 19세기 독일과 제정 러시아, 일본 등은 어떻게 되었습니까? 독일은 나치즘의 폭정으로 몰락해 패전 후 다시 출발해야 했고, 제정 러시아는 시민혁명을 뛰어넘어 사회주의 혁명을 한다고 했으나, 결국 1991년 소비에트 체제는 붕괴되고 원점으로 돌아갔습니다. 19세기 일본의 명치유신도 결국 군국주의와 파시즘으로 총체적 파멸을 하고 패전 후 다시 출발을 해야만 했습니다.

우리도 1894년 갑오농민 봉기가 패배하고 결국은 갑오개혁을 시도했지만 일제 식민지로 전락하고 말았습니다.

우리는 1945년 일제로부터 해방되었다지만, 연합국에 의한 해방이기 때문에 미국과 소련 군대의 점령으로 분단국가가 되었습니다. 그리고 같은 민족끼리의 전쟁으로 피바다를 이루었습니다. 아직도 남북은 분단 대결 상태에 있고 서로가 문제점을 안고 민주화를 위해 몸부림치고 있습니다.

1960년 4·19혁명을 통한 나름대로의 민주화도 일부 정치군인들의 반동으로 뒤집힙니다. 그들은 일제하 만주 지역에서 친일 행각을 하던 부류입니다. 그들이 중심이 되어 쿠데타를 해서 다시 암울한 시대가 되었습니다. 그 후유증은 군사 통치를 청산했다는 지금도 존속되고 있습니다. 우리의 과거청산은 바로 그러한 찌꺼기를 털어내는 일입니다.

그런데 개혁은 지금 우리 현실을 살펴봐도 알 수 있듯이 혁명 이상으로 어렵습니다. 그러나 민주화를 위한 개혁을 하지 않고선 다른 대안이 없습니다. 지금 다시 이승만과 박정희 시대로 돌아가는 반민족적이고 반민주적인 반동은 결코 대안이 아니기 때문입니다.

(2) 왕권신수설을 극복하고 국민주권을 이루어야

　영국에선 한 사람의 왕을 단두대에서 처형했고(청교도혁명), 또 다른 왕은 국외로 추방했습니다(명예혁명). 그래서 간신히 입헌군주제가 되었습니다. 프랑스는 혁명에서 왕과 왕비를 단두대에 올리고 공화국을 세웠습니다. 왕을 모셔 둔 독일은 왕으로 인해 전쟁과 파시즘의 길로 가게 되었습니다. 왕을 신이라고 우상화한 제국시대의 일본은 수천만 명의 생명을 죽이는 죄악을 저지르고 인류에게 비참을 안겨 주었습니다. 그제야 새 출발을 해야 하였습니다.

　왕은 신이 아닙니다. 또 특정 독재자에게 신적 권위가 있는 것도 아닙니다. 나라님을 따로 두는 체제인 노예국가에서는 민주주의를 할 수 없습니다. 기껏해야 관료 지배의 노예 구조를 만들 뿐이죠. 우리는 국민주권의 세상을 만들어야만 노예의 굴레를 벗을 수 있습니다. 관료 지배의 병폐를 놔두고 민주주의를 말하는 것은 위선이고 가짜입니다.

(3) 치안유지법의 잔재와 감옥국가 — 병영국가의 쇠사슬을 끊어야

　일제 패망 후 친일파가 어떻게 친미파로 변신해서 미군정에 편승했으며 또다시 이승만으로 배를 바꿔 타고서 지배층이 되었는지는 다시 말하지 않겠습니다. 다들 아는 일이니까요.

　문제는 독재자가 나라를 온통 감옥으로 만들어 국민을 감시하고, 또 병영화해서 모든 국민을 이등병으로 취급하는 군사문화를 조성해 지배했다는 점입니다. 그 지배 도구는 매카시즘이고 치안유지법의 후신인 국가보안법입니다. 이 억압과 공포 분위기 조성의 만성적 고질 병폐를 극복하지 못하고선 민주화를 할 수 없고, 민주화가 안 되면 통일도 못합니다. 민족 주체의 동질성 회복과 통일의 여건은 남과 북이 민주화돼야만 이루어질 수 있습니다.

(4) 일제식 형사법제의 탄압 구조와 사법체제의 봉건성을 극복해야

일제는 자유주의 형법 정신을 말살한 채 억압적·탄압적 엄벌주의 형법 체제를 만들었고, 우리는 그 법령체제를 해방 후에도 이어받아 운영해 왔습니다. 특히 전쟁과 남북 대결 속에서 매카시즘 분위기는 고문과 정치범에 대한 잔혹한 탄압을 일상화시켰습니다.

한편 사생활에서 봉건적 잔재는 가부장적 서열 지배 같은 인습 존속의 원인이 되어 왔고 호주제도와 양성 차별 구조를 지속시키면서 사회적으로 많은 역기능을 불러왔습니다. 그리고 이러한 사생활 구조는 노사관계를 봉건적인 신분관계인 주종관계로 변질 왜곡하여 시민법적 계약관계를 말살시키고 노사분쟁을 하급자의 상전에 대한 반역으로 간주해서 탄압했습니다. 그 후유증과 상처는 아직도 깊은 골을 이루고 있습니다. 그러한 잘못된 것들의 잔재인 법제와 그 운영 관행을 청산해야 합니다.

3. 지배자의 법이 '민중의 법'으로 바뀌는 세상을 위하여

법이 국민의 법이 되어 모두가 법의 보호를 공정하게 받게 되는 세상을 만드는 것은 쉬운 일은 아닙니다. 그렇지만 우리는 그러한 건전한 세상을 만들어 가야 합니다. 권력과 돈이 없는 사람은 법의 피해자가 되기만 하는 세상에선 강한 자도 살아남지 못한다는 사회 법칙을 이해해야 합니다. 그러한 강자 지배의 사회는 사회정의를 유린하고, 정의가 유린되는 사회에선 누구이건 언제 칼에 찔려 죽을지 모르는 정글이 됩니다. 정글 세계에서 결국 가장 표적이 되는 자는 남의 것까지도 독식하는 강자가 아닌가요?

우리가 법치를 말하는 것은 서로 생존할 수 있는 기초 조건을 조성하자는 것입니다. 그것은 절박한 생존의 과제입니다. 그런데 독식·독점하고 있는 부패 기득권 부류는 그 기득권을 억지로 고수하려고 하기 때문에 정의를 거역합니다. 그래서 결국 개혁은 부패 기득권 부류와의 대결이자 투쟁이 될 수밖에 없습니다. 이러한 현실에 발을 딛고서 나아갈 수밖에 없습니다.

나는 1980년대에 전두환이 쿠데타로 집권했을 때에 이런 말로 협박도 당했습니다.

"당신이 인권이니 원칙이니 떠들어 봐야 현실은 그렇지 않아. 군사 통치가 앞으로 못 가도 30년을 갈 것인데 싸우겠다고? 그러다 보면 당신 인생도 끝장 아냐? 좋은 말로 할 때에 말 들어."

그러나 나는 자존심과 고집 하나로 스스로를 지켜야 한다고 생각했습니다.

그런데 1980년대 후반에 민주화의 서광이 비치고, 1990년대에 세상이 달라지고 있을 때에 다시 1960년 4·19혁명 당시의 감격이 온몸을 감싸 왔습니다. 먼저 우리 국민에게 감사했고 내가 할 일을 다시 결심했습니다. 그리고 이 소중한 기회를 반드시 적절하게 활용해야 한다고 몇 번이고 강조합니다.

우리의 길이 어렵고 고되지만, 우리는 그 길을 가야만 합니다.

2. 일제 잔재가 독재 권력에 이어져 온 한국사회의 모순 구조
―과거청산의 문제와 과제

근대사에서 시민혁명과 개혁

근대사에서 새로운 시민국가와 시민사회의 탄생은 이른바 선진 자본제 사회인 영국·미국·프랑스에서는 시민혁명을 통해서 이루어져 왔다. 시민혁명은 '앙시앵 레짐'이란 봉건체제를 전복하고 새로운 사상과 제도를 세우는 작업이었다.

이 시민혁명을 이뤄내지 못한 19세기 독일은 결국 나치즘으로 전락해 파산했고, 제정 러시아는 시민혁명이 좌초된 채 사회혁명이란 도약을 실험하였지만 관료 지배의 무리한 공업화로 실패했다. 일본제국의 명치유신은 왕권절대화란 반동적 국가 이념하에 침략전쟁을 일으켜 아시아 민중 2천만 명과 자기 국민 3백만 명을 죽음으로 몰아넣었다. 결국 일제는 파산하였고 원점에서 재출발해야만 했다. 여기서 우리는 역사에서 비약이나 생략은 좀처럼 어렵다는 것을 알 수 있다.

한국의 경우는 자생적 자본제적 발전의 요소를 잉태하면서 영조시대 이래 실학이 민권사상의 싹을 키워 후대의 개화사상으로 발전했다. 19세기에는 최제우가 창시한 동학운동이 종교의 외피를 둘러쓰고 농민해방을 위한 인간 존중(人乃天)의 사상운동으로까지 나아갔으나, 내적 미성숙이란 한계와 외세의 간섭으로 좌초당해 결국 일제의 식민지가 되었다.

여기서 실학의 선진성과 민권 민주성을 나타내고 있는 사상의 싹을 보면 정다산의 인민주권론 발상인 『탕론(湯論)』이란 글을 들 수 있다. 그는 흔히 민본주의 사상가로 평가되지만, 그의 민본주의는 나라(정부 또는 군주제도)의 기원을 인민의 의지와 요구에 따른 인민을 위한 봉사제도로 인식하고 있다. 군주라는 제도를 만든 것은 백성이 살아가기 위한 편리함 때문이라는 것이다. 이는 율곡이 『성학집요(聖學緝要)』란 글에서 "백성은 먹는 것을 하눌로 삼습니다. 임금은 백성을 하눌로 삼습니다"라고 한 말을 백성이 나라의 주인이란 뜻에 한층 더 접근시킨 것이다. 그래서 후에 민권사상과 운동으로 발전하게 되는 것이다.

동학의 사상과 운동은 원래 농민 대중의 해방운동을 발상으로 새로운 시대의 기운을 타고 발전한 것이다. 이는 농민봉기로까지 발전했다가 좌초되지만 천도교 조직으로 개화운동과 함께 1919년 3·1운동의 주역이 되었다.

조선에 전래된 기독교는 개화사상이나 운동과 교차되면서 반상차별과 남녀차별의 신분 질서에 대한 이의 제기와 인간 개인의 자각을 일깨우고, 서양 시민 문물의 전파자로서 종교 조직을 통해 항일운동에 기여하였다. 다만 한국에서의 반제 항일운동은 혁명으로까지 이어지지 못했다.

혁명을 통한 근대화에 뒤진 나라에서 대안은 개혁이다.

일제가 패망한 해방 당시 우리는 봉건 구체제와 식민 잔재를 청산하는 개혁을 통해서 새로운 전기를 이루어야 하는 시대 과제를 안고 있었다.

개혁은 입법을 통해서 구세력과 구제도를 퇴진 내지 양보케 해서 새로운 제도를 세우고 시민의식을 고취하며 개량을 하겠다고 하는 일련의 시도이다. 그런데 구기득권 세력의 완강한 반발과 거부, 방해로 인해 항상 어려움을 겪어 왔다. 따라서 개혁의 성공이란 혁명 이상으로 어렵다는 것을 우리 현대사는 말하고 있다.

1. 한국 현대사에서 개혁이 좌초된 사정
― 일제 잔재 청산의 좌절이 남긴 모순 구조

우리에게는 1945년 일제 식민 통치가 종식되자 그야말로 새로운 자유민주·복지·자주 국가의 길이 열렸다. 당시 과제는 일제 잔재를 청산하고 개혁하는 일이었다. 그것은 이미 상해임시정부가 1941년에 공포한 '건국강령'으로 청사진이 마련돼 있었다. 그러나 해방을 우리 손으로 쟁취한 것이 아니었기 때문에 결국에는 남북 분단으로 이어졌다. 그리고 친일파는 미군정의 비호 아래 재기용됨으로써 청산되지 못했고, 개혁도 엉성한 모양내기로 끝이 났다. 결국 개혁 자체가 전반적으로 지연되고 왜곡되었던 것이다.

물론 1948년 제헌헌법은 전문에서 3·1정신과 임시정부 법통의 계승으로 그 정통성의 근거로 삼았고, 그래서 제101조에 친일 반민족 부역자의 징벌과 부정 축재 몰수의 근거 조항을 정하였다. 그러나 그에 따라 제정된 반민족행위처벌법에 근거해 설치된 반민특위의 친일파 청산 작업은

1949년 이승만의 비호와 지원을 받은 친일 경찰의 테러와 방해로 결국 무산되었다. 과거청산의 첫 번째 기회가 실패로 돌아간 것이다. 왜냐하면 입법을 통한 개혁이었기 때문에 헌법 부칙에서 구법령의 유효 조항을 두어서 일제 잔재가 존속될 근거를 마련하는 결과를 낳았다. 동시에 미군정 시대 관리의 지위를 보장해 주었기 때문에 친일 관료가 그대로 정권의 실세가 되는 길을 터주었다.

특히 초대 대통령이 된 이승만은 친일파를 정권의 정치적 기반으로 삼았기 때문에 결과적으로 친일파 지배로 귀결되었다. 친일파 부류는 자기의 지위를 지키기 위해서는 독재 권력이 존속해야 한다는 사실을 일찌감치 알았다. 그래서 반대파를 용공, 좌경, 빨갱이로 모는 매카시즘을 무기로 '경찰국가'를 만들어 버렸다. 물론 그것은 자유민주주의의 알맹이를 도려내버린 것이었다. 이에 대한 항거로 4·19혁명이 일어났고, 이승만 정권은 몰락했다. 4·19혁명을 계기로 한 개혁은 진정한 민주개혁을 처음으로 시도한 것이었다.

4·19혁명으로 이승만 독재가 종식된 후에 반민주행위자 처벌과 부정축재에 대한 몰수 조치가 입법을 통해 추진되던 중에 1961년 박정희의 군사반란으로 중단되고, 개혁은 반동으로 왜곡되었다. 이것이 두 번째 좌절이다. 박정희의 쿠데타는 결국 반민족적이며 반민주적인 반혁명이라고 하겠다.

세 번째, 그 후 박정희가 1979년 피살된 후에도 그 추종 세력은 다시 1979년 12·12반란과 1980년 5·17 쿠데타로 광주를 피바다로 만든 학살을 거치며 실권을 장악해, 개혁의 기회는 다시 무산되었다.

신군부 지배하에서 민주화 개혁의 실마리를 푼 시민봉기는 1987년 직선제 개헌 쟁취 시민항쟁이었다. 1987년 항쟁은 노태우의 6·29선언이라는 기만적인 전술적 후퇴와 유화정책으로 인해 철저한 밀어붙이기를 하지 못했다. 결국 신군부의 집권 연장은 다시 가능해졌다.

결국 개혁의 기회는 김영삼 정권을 거쳐서 김대중 정부 수립을 기다려야 했다.

그러나 김대중 정부도 김영삼 정부의 태생적 한계와 마찬가지로 구군정 세력과 타협했기 때문에 철저한 개혁을 추진할 수 없었다. 당시에 김대중이 김종필이란 박정희 부류의 수괴급과 타협할 수밖에 없었던 것은 한국정치의 한계이기도 하다. 다만 그래도 김대중 정부 때 시도한 개혁 궤도 설정은 국회의 여소야대란 제약과 매카시즘의 반격 속에서 이루어진 것으로 그 나름의 평가를 받을 만하였다. 결국 개혁은 노무현 정부의 몫으로 이어졌다.

2. 김영삼 정부 이후 개혁입법의 경과와 그 한계

개혁입법과 조치의 연대별 사항

1995년 – 광주 5·18민주화운동특별법 제정
    – 헌정질서 파괴범죄의 공소시효 등에 관한 특별법 제정
    – 전두환과 노태우 등 군사반란 주모자들에 대한 소추 진행과 전두환과 노태우 등 유죄 판결
1996년 – 거창 사건 관련자 명예회복에 관한 특별조치법 제정 시행

2000년 – 제주 4·3사건 진상규명 및 희생자 명예회복에 관한 특별법 제정
　　　　– 의문사진상규명에 관한 특별법제정
　　　　– 민주화운동 관련자 명예회복 및 보상에 관한 특별법 등 제정 시행
2004년 – 8·15 경축사에서 노무현 대통령이 과거사청산 입법 제정 필요성 제시
　　　　– 친일진상규명법 및 일제하 강제연행 진상규명법 제정
　　　　– 동학농민혁명 참여자 명예회복법 제정 등
2005년 – 한국전쟁 전후 민간인 희생자 사건 진상규명 및 명예회복 등에 관한 특별법안 상정
　　　　– 과거사법안 상정
　　　　– 국가보안법 폐기안 상정

(이상 입법 현안으로 2005년 4월 1일 현재 미결 사항으로 되어 있음.)

위의 입법과 입법안을 보면 개혁입법의 제정이나 개정 못지않게 그 시행 또한 어렵다는 것을 짐작할 수 있을 것이다. 2004년 7월 의문사진상규명위원회가 내린 전향 거부자의 고문 치사와 그에 대한 의문사 결정을 둘러싸고 수구 극우 세력이 좌경, 용공, 빨갱이로 몰아붙였던 일대 소란이 일어난 것을 상기해 볼 일이다.

이제까지도 극우의 매카시즘은, 빨갱이 혐의자는 고문해서 죽여도 괜찮다는 식의 무법적 논리를 펴고 있다. 자유민주주의의 핵심인 인간 존엄과 생명권 존중의 논리와 법의 평등한 보호 및 양심·사상의 자유를 원천

적으로 부정하고 있다. 한국전쟁 당시에 보도연맹원 수십만 명을 좌익 혐의를 씌워 집단 학살한 무법이 그대로 통하고 있다고 할까?

김영삼 정부 때는 장기수 이인모 노인을 그의 희망에 따라 인도적 견지에서 북송한 통일원장관 한완상을 좌경 몰이로 쫓아냈다. 김대중 정부하에선 대통령소속 정책기획위원회 위원장 최장집 교수를 그가 쓴 논문을 트집 잡아 쫓아냈고, 그를 국보법 위반으로 고발했다. 그 후 7년 만인 2005년 3월 31일, 서울지검 공안 1부는 최장집 교수의 국보법 위반 혐의를 인정하기 어려워 무혐의 처리했다고 발표했다. 공인된 학자가 학술 논문으로 발표한 것을, 그것도 공직자 지위에 있었던 사람의 혐의를 풀어주는 데 7년이 걸렸으니 국가보안법의 위력(?)을 알 만하다.

이것이 우리의 인권, 특히 사상·양심의 자유와 표현의 자유가 처해 있는 현주소이다. 학문의 자유까지 거창하게 들먹일 것도 없다. 에리히 프롬이나 E. H. 카의 책을 본 학생이 이적 표현죄 조항에 걸려 징역을 가는 대한민국의 실정은 아직도 크게 달라지지 않고 있다. 이러한 매카시즘의 장벽을 허물지 않고는 민주 법치국이라고 하긴 아직 멀었다. 그래서 철저한 개혁이 필요한 것이다.

3. 일제 잔재 청산의 의미와 내용을 보면

일제 잔재와 같은 구시대의 제도와 관행을 비롯해 이데올로기나 그 인적 요소 따위는 혁명에서는 명쾌하게 청산의 대상이 된다. 예를 들면 1789년 프랑스혁명 당시에 '봉건제도 폐지에 관한 법률'이 혁명입법으로 발의되어 구제도를 청산했다. 나아가서 반혁명 세력에 대해서는 국왕 루이 16세 부부를 처형한 것을 비롯해서 망명 귀족의 재산을 몰수하고 혁명에 반대한 교회의 재산도 몰수했다.

그렇지만 우리가 말하는 과거청산으로서 일제 잔재 청산은 1948년에 인적 청산이라는 시대적 사명 아래 친일파 처벌과 재산 몰수를 정했으나 친일 세력의 반발로 좌절되었다. 그래서 친일파는 인적 청산도 안 되었고, 그들의 물적 기반인 재산도 고스란히 보존되었다. 그래서 매국노 송병준과 이완용의 후손들이 몇천억 아니 몇조 원에 이르는 재산을 소유하고, 나아가서 자기 선조가 매국 대가로 얻은 재산을 되찾겠다고 소송을 해서 승소하고 있다. 어떻게 이런 일이 가능하단 말인가?

이 지경이 되자 1990년대부터 사회·정치 문제가 되어 국회에 입법안이 제기되었으나 입법 단계에서부터 좌초되고 있다. 작년에도 친일파재산환수법안의 공청회까지 하고 입법안을 마련하고 있으나 좀처럼 이루어질 기미가 보이지 않는다. 왜 그럴까? 매우 유감스럽게도 바로 이것이 일제 잔재를 청산하지 못한 대한민국의 현재 모습이다.[51]

일제 치안유지법의 복사판인 국가보안법을 비롯해 보안관찰법 등 구악법의 개폐는 1987년 민주화 개혁이 제기된 당시부터 논의되었다. 1990년대 헌법재판에서도 한정합헌이라는 사실상 위헌 결정이 났다. 2004년에는 국가인권위원회가 폐지 권고를 했다. 그런데 검찰총장이라는 사람들은 청문회 때마다 나와서 국보법을 옹호한다. 대법원과 헌법재판소는 이전의 태도를 바꾸어서 완고한 수구적 자세로 옹호한다. 구기득권 옹호 세력의 총공세가 시작된 것이다. 그리고 독재시절에 자행된 엉터리 재판에서 사법 살인 판결까지 고스란히 보존되어 법질서의 일부가 되고 있다.

단지 '김대중 내란음모 사건' 하나만이 재심에서 무죄가 되고 있을 뿐 모든 엉터리 재판은 그대로 건재하다.

아직도 독재시절에 머무르고 있는 것이 법률의 세계이다. 개혁을 한다면서 그에 대한 입법적 해결 조치를 꿈도 꾸어보지 못한 국회의 개혁 수준의 한계라고 하겠다. 이것은 국회의원과 정당의 업무 태만이고 직무 포기라고 할 것이다. 그러니 검찰 등 공안기관이나 재판기관에서 구시대 인물이 구시대의 법질서를 그대로 유지하는 개혁 이전의 구시대가 지속되고 있다.

결국 인적 청산이 없는 결과가 낳은 모순이다. 박정희와 신군부 독재하에서 출세 가도를 달린 관료가 건재한 것이다. 특히 독재시절의 정경유착으로 벌어들인 부정 축재가 경제발전을 위한다는 이유로 형사 처분에서 유죄임이 분명해도 면죄부를 얻는다. 기껏해야 집행유예 등이 선고될 정도이다. 몇백억 아니 몇천억 원의 장물이 사소유권으로 탈바꿈해 불가침 권리로 보장된다. 결국 일제시절의 친일파 재산이나 독재시절의 부패 기득권자가 축재한 장물이 사유재산이라는 명분으로 보장되고 있는 것이다. 그러면서 몇십만 원이나 몇백만 원을 훔친 좀도둑에게는 몰수와 징역을 엄격히 적용한다. 여기서 누구의 법이냐, 법적 정의가 있느냐 하는 법을 불신하는 탄식이 나온다.

사법개혁을 김영삼 정부 이래 10여 년을 두고 되풀이해서 논의하고 있으나, 말초적이자 기술적 사항에 대한 개량을 하면서 명분 세우기로 시간을 끈다. 그리고 준비도 충분히 안된 로 스쿨 제도를 들고 나온다. 그러면서 시민이 사법 과정에 참여하는 배심제도나 사법 관료의 인사문제에 대한 시민 참여가 논의되면, 문외한인 서민이 전문적·기술적 문제에 관여하는 것은 부적절하다고 한다. 이 무슨 뚱딴지같은 말인가? 시민을 깔보는 관료 근성이 여기에 배어 있는 것을 본다.

권세자나 부자 편을 드는 관료보다는 시민의 상식과 법률 감각이 훨씬 건전하다. 일제 잔재가 그대로 이어져 오면서 독재 권력에 편승하고, 여기에 출세주의자가 줄을 서는 잘못된 폐습을 고쳐가는 것이 지금처럼 절실한 적은 없다고 본다.

일제 잔재 이데올로기인 권위주의와 관료주의, 군국주의와 파시즘의 잔재를 청산하여야 한다. 그러한 이데올로기가 서식하는 제도와 관행, 유습은 물론 인적 요소를 모두 청산해야만 한다.

4. 누가, 왜, 어떻게 개혁을 방해하는가?

해방 이래 반세기 이상을 미뤄 온 개혁을 추진하자니 엄청난 어려움이 따르고 방해에 부닥칠 것은 불가피한 일이다. 우선 개혁의 과제를 보자.

독재와 폭정의 제도·인적 구조를 청산하고 그 의식과 이데올로기를 극복해야 한다. 일제 유산인 구법제와 비민주적인 관료제도를 비롯해 권위주의, 관료주의, 군사문화를 청산해야 한다. 그리고 일제 식민시대 이래 지배 세력으로 이어오는 친일파와 그 아류 및 추종 세력의 반민주적 반발과 책동을 제압해야 한다. 특히 그들의 물적 지배 기반인 부정 축재한 재산을 환수하고, '명망가'란 사이비 유지 행세를 해오는 그들의 가면을 벗겨야 한다.

물론 구부패 기득권 부류가 이러한 개혁을 그대로 받아들일 리는 없다.

1945년 일제가 패망해 그들의 상전이 힘을 잃었을 적에 친미로 재빨리 변신해 입지를 강화하고 반공 매카시즘으로 실세의 지위를 확보해 온 자들이 아니던가? 4·19혁명의 바람 속에서도 살아남았고, 쿠데타 무리에 합세해서 대오를 정비한 교활하기 이를 데 없는 백전노장들이다. 무엇보다 그들은 사회의 유지와 원로로 행세하면서 대중을 조작해 왔다.

어느 시대, 어느 사회에서도 기득권자가 자신의 지위와 재산을 비롯한 이득을 스스로 내놓은 일은 없다. 개혁의 대상이 되는 친일파와 그 아류 및 추종자들은 앉아서 고스란히 당할 자들이 아니다. 그들은 사법 살인을 비롯한 고문, 암살 등 물리적 폭력 이외에 반대파나 비판자의 생업을 박탈하고 명예를 유린해 사회적 사망선고를 내렸다. 그동안 무수하게 당한 피해자들의 참상을 보라!

김대중 정부가 한 개혁입법 중에 눈에 띄는 것으로 의문사진상규명입법을 예로 들어본다. '의문사'란 결국 독재의 음습한 암흑 속에서 피살당한 사건을 말하는 대명사이다. 이 살인 사건의 진상규명을 위한 입법을 유가족과 국민 대중의 피나는 투쟁으로 이룩했지만, 그 입법 과정이나 내용에서 갖가지 훼방과 함정이 있었다. 이것은 우리 정치의 현주소를 그대로 반영하는 것이다.

김대중 정부는 임기 초부터 친일파 등 구부패 기득권 부류로부터 용공, 좌경, 친북, 빨갱이라는 낙인을 찍히며 모략과 비방에 시달려 왔다. 당시 현직 대통령인 김대중 자신이 겪었던 암살미수 사건의 정보기관 공작 하나도 규명하지 못한 채 대통령 임기가 끝났다. 세상이 다 아는 사실을 김대중과 그 정부만이 모르는 꼴이 되었다.

여기서 용기를 얻은 친일파 등 구기득권 부류는 매카시즘적 공세가 아직도 약발이 먹힌다고 판단해 써먹으려고 날뛰고 있다. 사실 그들이 내세울 카드는 예전처럼 관권의 비호와 협조를 받는 노골적인 테러리즘은 아니다. 그렇지만 자생적(?)인 반공투사의 이름을 내세운 매카시즘은 그대로 써먹을 수 있고, 사실 써먹어 오고 있다. 우리는 이점을 명백히 인식해야 한다.

반드시 이루어야 할 개혁

  수구 기득권 부류가 아무리 발버둥질치며 온갖 수단과 방법으로 개혁을 좌경, 친북, 용공이라고 흠집을 내고 방해할지라도 가야 할 길은 가야 한다. 해방 이래 우리가 당한 치욕과 오욕의 과거를 그대로 되풀이하게 놔둘 순 없다. 우선 명색이 자유민주주의를 내세우는 민주공화제 나라에서 양심과 사상, 세계관을 문제 삼아 괴롭히는 무법천지는 더 이상 용납할 수 없다.

  박정희가 지배하던 시절을 살아보지 못한 사람은 박정희의 경제발전 신화라는 새빨간 거짓말에 속기 쉽다. 특히 그 시절을 체험하지 못한 사람은 뭣이 그리 나쁘겠느냐며 가볍게 넘기기도 한다. 박정희 지배하에서 정보원과 그 끄나풀의 감시와 밀고, 그리고 언제 고문실로 끌려갈지 모른다는 불안과 공포를 겪어보지 못한 사람은 무엇이 잘못된 것인지 알 수 없다.

  그러나 군사독재하에서 수많은 학생이 분신, 자해, 투신 등으로 자기 목숨을 버리며 절망적인 항거를 하던 어둡고 괴롭던 시절, 여학생이나 여성 노동자가 성적 모욕과 성고문을 당하고도 치욕에 떨며 말 못하던 시절, 학생이 선생을 밀고하고 선생이 학생을 잡아가도록 보고서를 쓰던 인류에 배반한 독재의 시절을 잊고선 우리가 왜 과거청산을 말하는지 참뜻을 알 수 없다. 그것을 모르고서는 박정희 시대나 신군부 시절을 그리워하는 자들의 정체도 알 수 없다. 우리가 다시 그들에게 속아서 우리의 젊은이를 또다시 피바다 속으로 밀어 넣을 것인가?

한국의 극우 수구의 입장에 선 개혁 반대자가 독재시절로 돌아가고자 안간힘을 다하는 꼴을 보라!

친일파와 그 추종자들인 부패 기득권 부류는 일본 극우 군국주의 세력과 노골적으로 유착하고 있다. 그것을 숨기려고 하지도 않는다. 일부 구부패 기득권 부류는 우리가 아무리 관대하게 봐주려고 해도 그 한도를 넘어섰다. 그토록 민족을 모욕하고 자존심을 짓밟으며, 미친놈처럼 날뛰는 그들은 지금이 일제 식민지 시절인 양 착각하고 있다. 아마도 그들이 믿고 기대는 상전의 위세를 배경으로 날뛰는 모양이지만, 언제까지이고 우리 국민이 무지렁이 바보이거나 못난이는 아니다.

개혁은 결국 구부패 기득권에 기생하는 부류와의 대결일 수밖에 없다. 원래 개혁 같은 과업은 그 반대자에게 통사정을 해서 되는 일이 아니다. 아무리 애걸복걸 사정해도 그들이 개혁을 하라고 들어주는 일은 없다. 우리 정치인을 비롯한 시민들이 그렇게 생각을 할 정도로 천진한 바보는 아니다. 우리가 가야 할 길은 어떤 어려움도 이겨내며 가야 한다. 여기에 길이 있다.

끝으로 여기서 나는 개혁 과제를 다음과 같이 정리한다.

1. 현안의 과거사 입법을 비롯해 국가보안법 폐지 법안 등을 하루빨리

국회에서 의결하라.

2. 친일파나 그 아류, 추종배 등 독재 권력에 기생해 온 부류들이 자행한 반민족·반민주 행적은 철저히 폭로 비판되고, 그들이 남긴 추악한 죄악의 잔재는 청산되어야 한다. 특히 우리는 올바른 역사교육의 시행과 은폐된 과거사에 대한 진상규명을 통해 그들이 남긴 물적·제도적 흔적들(동상, 기념관, 현판 따위의 이른바 '기념물')을 철거하여야 한다.

3. 현재 추진 중인 사법개혁은 김영삼 정부 이래의 미온적이고 피상적인 반복을 탈피해 시민 참여하의 시민을 위한 개혁으로 과감하게 탈바꿈하라. 법에 대한 불신이 만연한 근본 원인을 이 기회에 과감하게 제거하고, 시민의 사법으로 다시 태어나는 계기를 마련해야 한다.

4. 아직도 독재 폭정시대의 악법에 근거한 판결과 독재 권력의 정치 사법이 기정사실화되어 있는 법질서의 모순 구조가 방치되어 있다. 독재시대의 각종 오판, 사법 살인과 엉터리 재판 등으로 인한 피해자들의 억울함을 해소하고 민주적 법질서를 회복하는 입법 조치를 강구하라.

5. 독재 폭정시대의 반인륜 범죄를 처벌할 수 있는 입법 조치를 즉시 강구하라. 1968년 유엔총회 결의의 반인륜 범죄 공소시효 배제 조약을 확인하는 입법부의 의결을 하고, 그에 따른 필요한 조치를 하라. 이미 마련된 법무부의 입법안을 상정, 처리하라.

3. 과거청산의 의의와 우리의 자세

시민혁명과 한국 근현대사 혁명사상의 발자취를 돌아보며

우리는 스스로의 힘으로 봉건적 구체제를 청산하는 시민혁명을 거치지 못한 채 영·미 제국주의의 비호와 지원을 받은 일본제국주의의 함포외교 위협으로 19세기 후반에 강화도조약을 체결했다. 반식민지 상태로 전락한 것이다.

그렇다고 우리 자체의 자생적 발전을 위한 움직임이 없었던 것은 아니다. 이미 영·정조시대를 절정으로 정다산과 박지원으로 대표되는 실학이 싹터서 유교적 민본주의의 한계를 돌파하면서 후에 개화사상과 운동으로 발전한 근대적 각성과 운동의 길을 열었다. 한편 19세기에 농민 대중을 위한 해방사상으로 동학은 갑오농민봉기로까지 발전한다.

그리고 외세를 타고 들어온 기독교 문화는 서구 문물을 전파하며 특히 신분 서열에 얽매였던 개인에게 인격적 각성을 신(神)의 이름을 통해 촉진시켰고, 서양 시민 문물을 통한 충격을 주어 전환시대를 예고한다. 그러한 3대 운동의 흐름은 1919년 3·1운동에서 서로 만나 하나의 목표를 지향하며, 일본제국주의를 공동의 적으로 투쟁하였다.

시대의 과업은 혁명을 통해서 봉건체제를 청산하고 근대 시민사회와 시민국가를 이루어야 살아남는 전환기의 혁명 수행이었다. 우리는 1884년의 갑신정변과 1894년의 갑오농민봉기를 시도했지만, 외래 제국주의의 간섭으로 결국 식민지화되었다. 그래서 식민지화된 질곡을 깨부수기 위한 투쟁은 반제 항일 혁명을 위한 투쟁이 되었다.

그러나 우리 민족은 스스로의 역량이 아닌 연합국의 승리로 해방됨으로써 외세에 의한 분단을 강요당했다. 일제 잔재 청산과 민족 단일국가 건설이 좌절된 것이다. 결국 우리는 친일파 부류가 지배 세력이 된 모순 구조를 안고 과거청산을 못한 채 전쟁과 독재의 시대를 살아오게 되었다.

과거청산의 과업을 살펴보면

(1) 과거청산이란 무엇인가?

영국은 17세기에 청교도혁명(1640~1649)과 명예혁명(1689), 미국은 1776년의 독립혁명, 프랑스는 1789년의 혁명을 통해 봉건체제를 청산하면서 근대적 시민사회와 시민국가를 세워나갔다. 반면 시민혁명이 좌절된 독일은 1848년의 혁명이 구세력에게 패배당하고, 러시아는 1860년 농노해방의 개혁이 유산되면서 결국 20세기에 전쟁 도발과 파국으로 치달리게 된다. 일본의 명치유신이란 개혁도 왕권의 봉건적 성격을 절대화하며 군사국가로 발전해, 결국은 20세기에 침략전쟁의 패배로 인한 총파산으로 실패작이 되었다.

　과거 구체제의 청산은 혁명을 통한 것이든 또는 개혁을 통한 것이든 불가피한 과정이다. 문제는 그것을 얼마나 성공적으로 이루어 나가는가에 따라 장래가 결정된다는 것이다. 그러한 역사 발전을 통해 우리는 오늘의 문제에 대응해 나가는 교훈을 얻을 수 있다.

　그러면 구체적으로 과거청산이란 구체제의 무엇을 청산하는 것인가?

　구체제의 각종 제도와 구법령, 그 관행과 유습·이데올로기와 함께 그 체제의 지배 세력인 인적 요소를 청산하는 것이다.

　한국으로 말하면, 그 속에 수용되어 있는 봉건 잔재를 포함한 일제 잔재를 청산하는 것이었다. 그런데 우리는 일제 패망 후에도 일제의 제도와 법령을 거의 그대로 수용하고 친일파 청산을 못하였다. 결국 일제 지배층 대신에 친일파라는 일제 주구의 지배가 존속되어서 해방은 껍데기만 남은 가짜 해방이 되었다.

　그래서 그 후에 민주화에 역행하는 친일 수구 반동의 폭정이 이어져 온 것이다. 그래서 우리는 바로 그러한 찌꺼기를 털어내고 올바른 민주와 인권이 서는 세상을 만들어야 한다. 지금까지도 친일파는 대를 잇고 친일파 추종자와 함께 독재 권력에 편승해 정치·경제·사회 전반의 주도권을 장악해 왔다. 따라서 일제 잔재 청산은 과거의 문제가 아니라, 오늘 진행되고 있는 당면 과제인 것이다.

(2) 과거청산을 위한 투쟁의 경과

　여기서 과거청산을 위한 투쟁의 경과를 사건 중심으로 요약 정리해 보자.

　1945년 – 일제 패망과 일제 잔재 청산의 기본 과업이 당면 과제로 떠오름. 그러나 미국 점령군에 의한 친일 세력의 수용과 친일파 기반의 재생 복고.

1948년 – 정부 수립 후 헌법과 반민족행위처벌특별법으로 친일파 숙청을 꾀했으나, 1949년 이승만의 비호를 받은 친일 경찰이 반격, 친일파 숙청 좌절.

1960년 – 4·19혁명으로 민주화와 과거청산의 기반을 확보했으나, 1961년 5·16쿠데타로 좌절. 친일파 박정희 부류의 집권, 군사독재 개막.

1980년 – 1979년 10월 26일 박정희 피살과 함께 군부독재 종식을 꾀한 민주화운동에 대한 신군부의 반격으로 1979년 12·12반란과 1980년 5·17쿠데타에 의해 1980년 광주민중항쟁 진압하고 독재체제로 복고.

1987년 – 6월 시민항쟁에 따른 신군부의 유화적·전술적 회유책과 개혁운동으로 일부 양보케 함. 그러나 양 김(김대중·김영삼)에 대한 신군부의 분열 책동이 성공, 노태우 집권.

1990년 – 3당 합당으로 김영삼 투항.

1993년 – '문민정부'란 과도기적 체제 출범하여 군부 사조직 해체와 공직자 재산 공개 및 실명제 도입.

1995년 – 광주 5·18민주화운동에 관한 특별법. 헌정질서 파괴범죄의 공소시효에 관한 특별조치법 제정.

1996년 – 거창 사건 등 관련자 명예회복에 관한 법률 제정.

1997년 – 전두환·노태우 등 일당이 군사반란과 내란의 죄로 대법원에서 유죄 확정됐으나 사면 석방됨.

1998년 – 외환위기와 경제 파산. 군사독재의 정경유착 체제 총파산과 함께 김대중의 정권 교체 성공. 그러나 김종필 등 구세력과의 타협적 전술로 세워진 정권의 자체 취약성이 한계. 그러나 집권 후에 개혁 착수. 개혁에 반발하는 친일 세력의 반격이 개시됨.

2000년 – 제주4·3사건 진상규명 및 희생자 명예회복에 관한 법률, 의문사진상규명특별법, 민주화운동 관련자 명예회복 및 보상에 관한 법률 등 제정.

2003년 – 노무현 참여정부 출범, 과거사 청산에 대한 새 전기 마련.

2004년 – 친일진상규명법, 일제하 강제연행 진상규명법, 동학농민혁명 참여자 명예회복특별법 등 제정.

2005년 – 5월 3일 여야절충으로 과거사법안이 누더기 법안이 되어 통과. 국보법 폐지안 심의 중.

과거사 입법 방향의 문제점

(1) 구시대 구체제의 개혁을 둘러싼 개혁파와 반개혁파의 대결

2004년에 이르면서 친일 수구 세력은 개혁 반대의 전략과 전술을 한층 더 강화해 반동적인 역공세로 나오기 시작했다. 그들의 정체가 과거사 진상규명에 따라 점차 노출되어 예전과 같은 매카시즘의 억압체제로 유지하기가 어려워지자, 이승만과 박정희 등 독재자를 위인으로 신격화해 기만 전술을 펴기 시작했다. 즉, 복고주의 기풍을 조작하고 경제발전 신화라는 거짓 선전을 내세운 것이다. 여기에 수구 언론과 보수 우익 단체들이 총동원되었음은 물론이다.

한편으로는 구기득권 세력을 재편성하고, 또 다른 면에서 군부독재 시절에 이득을 보고 그에 소극적으로 순종해 온 소시민층을 공범으로 몰아세워서 자기 편으로 끼워 넣는 물귀신 작전과 모두가 공범이라는 떼몰이 작전을 펼쳐 일부 성공하였다. 한편으론 서민 대중의 탈정치화로 정치의식이 취약하고 박정희 신화에 기만당하는 약점을 이용해 쑤시고 드는 교묘한 전술을 구사했다. 아울러 강도 높은 매카시즘의 바람 몰이로 대통령이나 고위 공직자를 겨냥한 마녀사냥에 나섰다.

여기서 개혁의 주도 세력이 되어야 할 정당과 사회단체는 파편화되고 표면적 승리에 도취한 나머지 안이한 대응으로 기선을 빼앗겨 오고 있다. 심지어 구기득권 당파가 퍼붓는 공세의 성격과 본성을 똑바로 알지 못하고 관용이니 타협이니 하면서 스스로 고개를 떨구고 있다. 그들 일부는 개혁 투쟁이 개혁을 결사 반대하는 수구 세력과의 대결이란 점을 망각하고 안이한 유화적 국면으로 편안한 길을 갈 수 있다고 착각하고 있다.

(2) 헛바퀴 돌리는 개혁 행사는 더 이상 필요치 않다

실명제와 공직자 재산 공개 등 김영삼 정권의 개혁 실적이 있었지만 현재의 기득권층을 비롯한 고위 공직자나 사회 중진급의 부동산 투기의 내막이 공개되면 엄청난 사실이 드러날 것이다. 바로 그렇게 모두가 공범의 처지에 놓인 약점을 악용해 '털어서 먼지 안 나는 놈 없다'는 식으로 개혁의 비현실성을 기정사실화해서 김을 뽑는 것이다.

있는 그대로의 치부를 드러내는 진통을 겪지 않고 개혁을 할 순 없다.

혁명보다 개혁이 어려운 일이란 것을 이러한 우리 현실이 말해 준다. 그렇다고 개혁을 외면하면 스스로가 서서히 죽어가는 길을 택하는 것이다.

현실을 똑바로 보자. 원정 출산으로 아들딸과 손자를 미국시민으로 만들고, 호시탐탐 재산 도피를 노리는 부류가 지금 이대로 지배층 행세를 하도록 언제까지 방치할 것인가?

(3) 2005년 5월 3일 통과된 과거사법의 문제점과 개정운동의 시급성

반개혁 세력은 이미 통과된 과거사법안에서 과거사 조사 범위를 '대한민국 정통성에 대한 가해 행위' 어쩌구 지껄이며 60년을 써먹은 매카시즘 귀신을 다시 불러들이고 있다.

특히 위원회의 위원 임명에서 교수, 법률가, 관리 등 세 부류로 한정하여 기득권 안주 성향의 계층에 뿌리를 둔 인선으로 좁히고 예외로 성직자를 추가했다. 과거청산의 문제는 역사의식과 개혁 의지, 그리고 민족적 사명감이 없이는 해결할 수 없다. 따라서 현장 투쟁의 경륜과 경험을 쌓은 학식 덕망자를 제외할 이유는 없다. 오히려 그러한 사람을 영입해서 활성화해야 한다. 그런데 이를 사전 차단하는 것은 누구의 뜻이냐?

위원의 추천 임명도 국회나 법원에서 인선 추천한다고 하면서 구기득권 부류의 입김이 닿도록 제도 자체를 꾸며 놓고 있다. 특히 수구 부류의 인사 끼워 넣기와 정당 간 나눠 먹기가 될 위험까지도 있다.

이처럼 조직구성 자체를 기형적으로 해두고 권한은 여전히 제약을 가하려고 한다. 의문사진상규명위원회 입법 과정에서 수구 세력이 발휘한 법률가의 실력(?)을 구기득권 법기술자가 다시 발휘하려는 저의를 당당히 드러낸 채 마치 개혁입법이 흥정 대상인 양 꾸며대고 있다.

이미 의결된 과거사법은 즉시 개정을 통해 바로잡아야 한다. 이 과업에 총력을 쏟아야 한다.

(4) 과거청산이 안 되어 나타나는 결과를 보라

구체제 청산의 조치가 없었기 때문에 일어난 사례를 보자. 일제시대에 독립운동과 사회운동을 하다 감옥에 갔던 투사는 해방 후에도 여전히 일제시대처럼 전과자이고 블랙리스트에 올라 있는 감시 대상이 되었다. 군사독재 시절에 엉터리 재판과 심지어 사법 살인으로 감옥 가고 전과자가 된 사람도 여전히 전과자이고 감시 대상이다.

재심에 의해 무죄로 판결된 이는 '김대중 내란 사건' 해당자뿐이다. 이에 대한 법률적 조치도 없다. 일부 법률로서 '5·18민주화운동 등에 관한 특별법' 제7조(상훈 치탈)이 있지만, 2005년 5월 현재, 광주항쟁을 진압해 '무공훈장' 따위의 서훈을 받았던 신군부 세력 79명 가운데 2명만 서훈 자격이 박탈되었고, 나머지 77명은 자격을 유지하고 있다. 그래서 그들은 승진 승급이나 장군 진급에서 그것이 공적으로 평가된다.

개혁시대에 이보다 더한 반개혁이 있는가? 또 있다. 많이 있다. 군사독재 시절에 민주 인사 때려잡던 군경 공안은 그대로 출셋길을 달리고 있다. 특히 삼청교육대 선발부터 엉터리 기소와 재판으로 독재 폭정을 돕고, 사회정화라며 온갖 치사한 일하고, 공무원 연수 교육에서 입에 거품을 품고 박정희 찬가를 부르던 더러운 입은 정년까지 해먹으며 태평성대를 누리고 있다.

한편 민주화운동을 하다가 고문당해 폐인이 되고 감옥 가서 집안이 쫄딱 망한 투사들은 아직도 전과자이고 간첩이라고까지 매도당하고 있다.

이것을 음지에 묻어둔 채 헛소리만 하는 개혁 헛바퀴 돌리기 놀음은 끝장을 내라.

불의에 분노하는 데서 개혁은 시작한다

2002년 4월 18일부터 2004년 12월 말까지 나는 의문사진상규명위원회 위원장으로 일을 했다. 처음부터 방해, 비방, 모함, 매카시즘의 함정에 빠뜨리기 등 이루 말할 수 없는 시련과 고난의 고비였다. 그러나 진실을 드러내어 국민의 정의감에 불을 붙이는 일만이 무기이고 힘이 된다고 하는 것을 주장했고, 실행하려 투쟁했다.

그래서 의문사진상규명위원회의 목표 이념은 진실, 정의 그리고 인권이었다. 진실을 통해 정의의 길을 밝히고 그럼으로써 '사람 사는 세상'으로 가는 길인 인권의 실마리를 풀도록 하자는 것이었다. 내가 무슨 일이라도 할 수 있었던 것은 국민이 지원하고 성원해 준 힘이 있었기 때문이다. 그것은 진실을 밝혀서 알려지는 독재 폭정의 부조리와 모순 구조에 대한 국민의 경악과 분노였다.

나는 불의에 분노하는 데서 개혁은 시작한다고 생각한다. 나보고 학자이고 교수인 사람이 너무 흥분하고 점잖지 못하다고 하는 사람이 있다. 나는 그런 말을 하는 사람이 누구인가를 똑바로 쳐다봐 확인한다. 그런 사람에게 나는 "당신은 폭정에 짓밟힌 청년 학생을 위해 가슴을 쥐어뜯고 울어본 일이 있느냐"고 물어본다. 그리고 "폭정에 대해 항의를 한 적이 있느냐?"고 물어본다.

우리는 개혁이 남의 일이 아니라 우리에게 생사가 걸린 중대한 문제라고 하는 것을 실감해야 한다. 독일의 문학가 토마스 만(Thomas Mann)은 나치 시대를 체험하고 그것을 극복하려는 마음이 있는 사람이라면 '자유'라는 말만 들어도 눈물이 날 정도가 되어야 한다고 했다.

우리도 그러한 개혁의 열정을 품어야 한다. 방관자가 되어 민족 반역자를 기쁘게 하지 말아야 한다. 정치가 더럽다고 기피함으로써 구기득권 부류를 즐겁게 해주지도 말아야 한다. 토마스 만이 반세기 전에 말했듯이, "정치를 경멸하는 국민은 경멸을 당할 만한 정치를 가질 수밖에 없다."

■ 닫는 글
우리에게 남겨진 과거청산과 민족 자주의 숙제들

2005년을 보내며

　우리는 해방 후 친일파 세상이 된 이래 나라의 혜택은커녕 박해를 안 받는 것을 축복으로 알고 살아온 백성이다. 그래도 미련이 남아 애착을 두어 온 것은, 도둑놈 편이 되지 않는 공직자가 있다고 하는 한 가닥 실낱 같은 희망이었다.

　그러나 올해처럼 재벌의 오만불손과 그 흉악한 마각이 드러난 정치 범죄를 보면 징그럽다. 더욱이 그 돈으로 대권을 움켜쥐려 한 음모가 분명히 드러난 정치 브로커는 국민 앞에 사과는커녕 뻔뻔함으로 일관하고 있다. 그러한 배경과 원인이 어디에 있는가?

60년을 버텨 온 친일 부패 기득권 세력

일제 패망 60년 이래 친일 구기득권 부류는 이 사회의 실세이자 주류로 군림해 왔다. 그들은 1960년 4·19혁명으로 한때 위기에 몰렸으나 1961년 쿠데타로 재기해 다시 활로를 찾았다. 1979년 박정희 피살로 위기를 맞자 다시 12·12쿠데타로 재정비했다.

그리고 1987년 민주화 시민운동으로 또 한번 일대 위기에 처했다. 그러자 이번에는 6·29선언이라는 전술적 후퇴로 군정 세력의 재집권을 성공시키고 3당 합당으로 연장했다. 1995년 전두환과 노태우가 내란죄로 구속 기소된 뒤, 중형을 선고받아 군정 실세는 파국에 이르렀으나, 1997년 사면 정국으로 고비를 넘겼다.

또한 김대중과 노무현 정권에서도 정계·재계·관계의 실세와 이른바 사회 수구층 등 반개혁 역량을 총동원해 개혁을 헛바퀴 돌리게 하며 버티고 있다.

여기서 수구 기득권 부류의 구성을 정리해 보자.

1) 친일파 민족 반역자와 그 가문의 후광과 재산을 대물림한 신세대 친일파와 그 아류, 추종배.

2) 박정희와 신군부 집권으로 축재하고, 감투 쓰고, 각종 혜택을 누려 온 각계의 이른바 '유지'.

3) 시류의 변동에도 살아남아 양지 쪽만 찾아가며 권력에 기생해 온 일부 고위직 행정 관료와 사법 관료.

4) 1970년대 신군부 이래 부동산 투기, 탈세, 부정으로 졸부가 된 지방 유지와 토호.

5) 족벌사학과 친일 전통의 그늘에 서식하는 종교·문화계 유지란 이름의 친일 반민주 부류.

　　6) 수구 언론 등 부패 기득권의 나팔수로 특혜를 누려 온 사이비 언론인.

　　다음으로, 2005년 정국에서 그들이 펼쳐온 전술의 양상을 보자.

　　주된 무기는 여전히 매카시즘이다. 개혁을 모두 싸잡아 친북, 용공, 좌경, 반미 따라서 빨갱이라는 논리로 매도한다.

　　수도 이전 논란으로 부동산 경기와 기득권이 위기에 처하자, 헌재 소원 소동을 일으켜 '관습헌법'이라는 생뚱한 논리로 웃음거리가 되었다. 그러면서도 기회가 있을 적마다 개혁 정권을 좌경으로 몰아 모함해 왔다.

　　그 구체적 전술을 보면, 국보법이 폐기되면 빨갱이 나라가 될 것이라며 안보 위기설로 소란 떨기, '빨갱이 교수'가 나라를 망치고 있다면서 학자의 학설을 단죄하기, 또한 사학 부조리를 바로잡으려는 사학법 개정이 좌익 전교조 장악의 음모라는 허위 낭설 퍼뜨리기에 이르기까지 억지 주장은 그야말로 여전하다.

　　문제는 그러한 매카시즘 역공의 일부가 먹혀들고 있는 것이다. 그래서 선거에까지 매카시즘이 기세를 올리고 지역감정 자극하기가 성공적으로 이용돼 온 데에 희망을 품고 대선 구도까지 짜며 환상을 부풀리고 있다.

우리에게 남은 숙제들

과제 1. 부패 족벌이 대물림되는 세상을 끝장내자!

　　해방 후 매국노의 기득권을 그 매국 재물과 함께 남겨 주어 60년을 허

송세월했다. 친일 진상규명과 함께 매국노 재산의 대물림을 반드시 끝장 내야만 한다. 이 과업을 통해서 비로소 우리는 정의와 민족정기를 말하고 윤리를 회복할 수 있다.

과제2. 이 나라는 부정 축재자의 왕국이 아니다!

친일파 정치군인이 쿠데타를 일으켜 이 나라를 군사 파시스트의 지배체제로 만들었다. 그야말로 국시 위반이고 자유민주주의 말살의 반역이었다. 그런데 그들이 퇴진했지만, 그와 동반자로서 기생해 온 부정 축재자와 구기득권 족벌이 좌지우지하는 세상이 되어선 안 된다.

그들은 뻔뻔스럽게 시장경제와 자유민주주의를 내세운다. 관료 주도의 독과점 경제가 자유 시장경제는 아니다. 자유 시장경제체제는 미국조차 산업 보호가 필요할 때엔 하지 않았다.

매카시즘의 무법으로 인간 생명을 유린하는 것은 자유민주주의가 아니다. 자유민주주의는 인간 생명을 존중하는 양심과 세계관의 고백의 자유를 인정하는 체제이다.

돈이 있다고 법 위에 특혜를 누리고, 돈이 없어서 감옥 가는 것은 법치주의가 아니다. 법률을 가난한 자에게서 빼앗아 독점하여 부자만을 편하게 하는 것은 법을 모독하는 것이며 법적 정의가 서는 나라가 아니다.

과제3. 정치판에서 날뛰는 '마피아' 족속을 퇴장시키자!

정치가 떼돈 버는 돈줄 타기의 '카지노 판'이 되면 결국 마피아의 나라가 된다. 민주주의를 하는 나라치고 정치인이 뭉칫돈을 가로채 돈 버는 나라는 없다.

정치인이 부자 돈줄의 거간꾼이 되는 구시대의 부패 정치를 때려치워라! 돈으로 표를 사고, 돈으로 의석을 조정하고, 돈으로 관료를 부리며, 부자의 돈줄로 '재벌 장학생'을 양성하는 풍토는 철저히 폭로 규탄해야 한다.

매카시즘의 뿌리는 아직도 튼튼하다. 그들은 외세에 기대어 민족 민주 통일의 훼방꾼이 되고 있다. 왜 외세에 빌붙어서 제2, 제3의 이완용이 되려고 하는가? 이미 한·일 국교 수교 때에 제2의 이완용은 자청해서 나섰다. 우리에겐 더 이상 제3의 이완용은 필요치 않다.

일본의 우경 공세와 친일 부패 기득권 부류의 매카시즘 합류 현상

일본 극우의 빨갱이 몰이는 친일파를 한·미·일 동맹의 자유민주 보수 세력으로 미화시키고, 개혁은 친북, 용공, 좌경, 빨갱이라고 하는 식의 각본을 짜 놓고 있다. 앞으로 한국의 자칭 우익 보수주의는 그들과 손을 잡고 역습을 하려고 한다. 아니 그 역공은 이미 시작되었다. 그들의 마지막 무기가 동원된 것이다.

2005년 일본의 우익 잡지 『정론』 4월호에 실린 한승조의 논설이 그것을 예보했다. 그에 동조하여 일본 우익 논객 사쿠라이 요시코가 일본 우익 월간지 『문예춘추』 2005년 5월호에서 같은 논조의 논설로 지원 사격을 했다. 최근 『정론』(2006년 1월호)이나 니시오카 쓰도무의 한국 분석 저서에서 한국 개혁을 친북, 좌경으로 싸잡아 모략한 것으로 공세는 본격 궤도에 올랐다. 한국의 수구 우경도 부지런히 이승만과 박정희 귀신을 불러내서 공세를 취하려고 바동대고 있다. 결국 그들이 꺼낼 수 있는 마지막 매카시즘 무기는 마녀사냥 소동 이외에는 없기 때문이다.

민족의 자존과 평화로운 자주 생존권을 위하여

아직도 수구 극우 부류는 냉전시대의 '친미'로 모든 세상일을 처리하려 한다. 냉전시대에도 그런 식의 국제관계 대응은 올바른 것이 아니었다. 하물며 지금엔 더욱 그렇다. 아직도 현실의 국제관계는 각 나라의 이기주의 관철의 틀 속에 있기 때문이다.

민족문제는 민족 주체의 문제이고, 민족 자존의 과제이며, 민족의 평화적인 자주적 생존권의 주장이다. 외세에만 매달려 '구원'의 여신을 짝사랑하는 것은 어느 시대이고 실연의 단초가 되게 마련이고, 배신의 쓴 잔을 마시게 될 뿐이다. 1905년 미·일 밀약과 1919년 윌슨의 민족 자결 원칙이 아시아 민족의 자결이 아니었던 사실을 벌써 잊어버렸는가?

1991년 소비에트 체제의 해체로 냉전시대가 종말을 고했다. 그러나 한국의 매카시스트들은 냉전 구도가 있어야 칼부림을 할 수 있다는 굴레를 벗지 못했다. 그러나 우리는 민족의 평화적인 자주적 생존권이 제1의 기본권으로 부상하는 시대를 살고 있다.

어려운 이 시대를 살아가는 민족의 구성원으로서 우리는 구시대의 독재와 폭정, 경찰국가와 매카시즘이 판치는 무법국가의 잔재를 청산하기 위해 무엇을 해야 할 것인가?

부록

|||| **과거청산운동 백서**
정계와 법조계의 과거청산

먼저 할 말: '정치로 돈 버는 도둑'을 두고선 나라 망한다

   민주주의를 올바르게 한다는 나라치고 정치인이 돈을 버는 나라는 없다. 만일 있다면 그런 나라는 사이비 민주주의거나 썩어 빠진 껍데기 민주주의를 하는 것이다. 그런 나라로는, 예전 중국 본토의 장개석 정권하에서 썩은 고기 먹자판의 족벌정치로 망한 사례가 있고, 2차 대전 후 베트남에서 고 딘 디엠 정권으로부터 쿠데타 정권이 망할 때까지의 정치놀이가 있었다. 필리핀의 독재자 마르코스의 염치없는 부정부패를 보면 박정희와 닮은 데가 너무나 많았다. 쿠데타가 군부 집단의 상습적 관행이 되었던 예전의 남미 사례를 들어보기도 역겹다.
   우리 사회는 친일파가 일제 패망 이후에 미국 군정의 품속으로 뛰어들어 득세한 이래 구부패 기득권이 유지되는 모순 구조 속에서 결국 정치인이 모리배나 독점 기업자를 대변하는 브로커가 되고, 정경유착이 재벌되는 발판이 되어 오면서 난장판이 되었다. 그 부패한 악순환의 정치가 안보와 반공을 내세워서 반백 년을 넘게 지속되었다.

쿠데타로 나라를 통째로 강도질한 무리가 벼락부자가 되는 세상이 몇 십 년 지속되면서 '정의'란 말을 하는 이는 바보가 되었다. 정의란 이념을 믿고 따른 자는 감옥에 끌려가고 그 집안은 온통 망가졌다. 일제 때 독립운동한 사람과 같은 꼴이었다.

쿠데타로 탈취한 권력을 법률로 수식, 분식해 주는 법률 기술자(율사)가 일제 이래 변함없이 호경기를 누려 왔다. 아직도 권세가 없거나 법률을 살 돈이 없는 사람은 법률의 보호를 받지 못한다는 것은 공공연한 비밀이 아닌가?

그동안 개혁이나 과거청산을 위한 입법도 되었고 각종 기구도 생겨났다. 그렇지만 수구 기득권 세력의 반발과 반격이 거세어져서 개혁은 헛바퀴만 돌려왔다.

김영삼 정부 시절에 개혁의 시동이 걸리는 듯하여 법석을 떨었다. 그러나 김덕주 대법원장이 부동산 투기 문제로 물러난 것과 변호사 전관예우를 시정한다고 수다를 떨다가 만 것이 전부처럼 되어 버려서 서민 대중은 다시 허탈 상태에 빠졌다. '전관예우문제'는 정작 문제가 된 법조인도 모두 무죄가 되어서 말 뗀 놈만 무색해졌다.

개혁 또는 과거청산을 하자는 것은 좀더 서민 대중, 다시 말해서 피해 대중을 위해서 과거 친일과 독재가 남긴 잔재를 털어내자는 것이다.

여러분, 나는 감히 외친다.

과거청산을 하려고 불구덩이에 뛰어드는 바보를 따르시오! 그리고 여러분들이 그러한 바보가 되시라. 바보의 시대가 되어야 세상이 바로서는 것은 지금 세상이 도둑의 세상이기 때문이 아닌가?

1. 정치 개혁 — 해방 이래 과거청산의 연속적 좌절과 현재의 문제 상황

(1) 두 번의 기회 상실과 친일파의 반격 — 1949년 반민법의 좌초와 1960년 4·19혁명에 대한 반혁명으로 5·16쿠데타

1945년 일제는 8월 15일 그들의 국왕을 통해 정식으로 연합국에 항복했으나, 일본과 조선에 대한 연합군의 진주는 9월 이후에야 가능했다. 물론 만주와 조선 지역으로 진입한 소련군은 38선 이남 지역까지도 밀고 들어왔으나, 38선을 경계로 북쪽으론 소련이 주둔하고, 그 이남은 추후에 미군이 점령했다. 미군과 소련은 이미 냉전으로 돌입한 터여서 그 점령정책이 근본적으로 달랐다.

38선 이남의 미군은 친일파계 조선인 관리와 기독교계 일부 친미파를 중심으로 군정을 펴나가면서 일제 세력을 키웠다. 그 이후 조선 안에 정치적 기반이 없는 이승만은 친일 관리와 친일파 자산층 유지의 지원을 받아 미군정의 후원으로 실질적 지배층으로 부상하게 되었다.

사정이 이러했기 때문에 해방 후 38선 이남 지역에서 일제 잔재 청산은 중단 또는 포기 상태였다. 아니 친일 세력이 다시 득세하게 되었다.

1948년 정부 수립 후에 일제 잔재 청산은 제헌헌법 101조에서 친일파 숙청을 위한 반민법 제정 근거를 마련했다. 그래서 반민족행위처벌특별법을 마련하였으나, 1949년 이승만의 비호를 받은 친일 경찰 등이 결국 반민특위를 물리적 테러로 와해시켰다. 그 사건을 계기로 친일파 숙청의 시도는 물거품이 되었다.

그에 더하여 헌법 100조에 의한 일제 법령과 미군정 법령의 존속 규정으로 일제하의 제도와 법령체계가 그대로 유지되었고, 일제 통치하의 친일파가 그대로 주요 직책을 장악했다. 그것은 일제 관리의 미군정 복무자들의 신분을 보장하는 헌법 103조에 의하여 자연스럽게 이루어져 친일파 세상을 완성했다.

친일파의 실세는 미군정 때나 이승만 정권 때나 반공과 행정 경험과 교육받은 계층이라는 점을 내세운 명분과 현실로 당연한 것처럼 강요되었다. 여기에 그들은 자기들의 생존 전략과 전술로서 반공을 내세운 매카시즘을 통해 정치적 비판 세력과 반대파를 말살시키는 행위로 보답했다.

결국 친일파의 반공을 내세운 매카시즘은 끝간 데를 모르게 남용되고 확장되어 민족 진영으로부터 중간파 민족주의자들까지 모조리 좌파로 몰아서 고문, 투옥, 박해를 비롯해 집단 학살까지 자행하였다. 그러한 사정 속에서 친일파의 비행을 비판하는 세력은 거의 모두 좌익으로 몰려 박해당했다. 한국전쟁 당시에 용공 혐의로 몰린 국민보도연맹원 수십만 명이 피살당했다. 그들은 빨갱이라기보다는 세상이 좋아지길 바라고 행동한 사람들이었다. 무슨 주의나 사상의 신념이나 세계관을 가질 정도의 직업 혁명가가 될 사람은 아마도 찾아보려고 해도 거의 없었고, 대개는 부화뇌동하거나 호기심에 끌려간 정도의 사람들이 많았다.

결국 4·19혁명은 이승만 정부의 폭정에 분노한 반독재·민족·민주 혁명이었다. 이 4월혁명에서 반민족 행위자 처벌과 함께 과거 학살 만행의 진상규명을 통한 자유 민권의 회복운동, 통일운동이 들불처럼 번져갔다. 그에 대해 위기의식을 느껴 당황한 친일파 세력의 반혁명 쿠데타가 5·16 군사반란이었다. 이 5·16쿠데타로 그 후 30여 년에 이르는 군사독재의 암흑시대가 열리게 된 것이다.

이승만 폭정하의 개헌 강행과 통일운동 탄압 등 매카시즘에 의한 사법 살인을 비롯해 박정희의 악독한 정보 공작과 계엄에 의한 철권정치 속에서 유신 쿠데타가 자행되었다. 박정희 피살 후에는 전두환의 광주학살에 이르기까지 엄청난 탄압의 시대가 전개되어 민주와 인권은 압살당했다.

그 과정에서 독재 폭정하의 무법적 권력을 수식해 온 잘못된 제도와 관행, 이데올로기와 우민정책 등으로 망가진 나라와 사회의 파행적 기형화 상태를 바로잡는 개혁 과제는 어디서부터 손을 대어야 할지 모를 지경이었다.

(2) 과거청산의 문제로서 일제 잔재의 실상과 청산 과제 — 제도, 이데올로기, 인적 요소

정치·경제·사회·문화 전반에 일제 잔재의 청산이 요구된다고 할 때에 청산 대상인 일제 잔재의 실상을 구체적으로 어떻게 정리할 것인가?

먼저 일본의 역사를 보자. 근대화를 위한 개혁이었던 명치유신은 봉건 잔재를 청산하는 시민혁명을 이루어내지 못한 채 봉건 잔재를 존치한 왕권신성불가침이란 신권천황제를 이념의 축으로 한 체제 변혁이었다. 그 때문에 권위주의와 관료주의를 내재한 채 군국주의와 파시즘으로 변질되었다. 결국은 밑으로부터 생겨난 민중 의지에 따른 국력의 결집이 못되고 봉건 유교의 충효 이념을 바탕으로 해서 정치 통합과 통제를 해나갔다.

그러한 일본제국의 이데올로기가 우리에게 알게 모르게 전염되었다. 불행히도 우리는 정신 혁명을 통해 봉건 왕조의 모순을 청산하는 시민적 계몽기를 거치지 못했다.

일제 잔재로는 식민지 법령과 관료제도의 승계에서부터 각종 폐습과 악습, 봉건 이데올로기와 절대주의적 왕권신성화의 신화, 시민의식의 결여 등 헤아릴 수 없이 많다.

일제 지배는 3·1운동 이후 조선인에 대한 회유책으로서 '문화정치'란 기만적 양보를 하기 이전에는 평상시에도 헌병이 경찰 업무를 집행하는 강권적 억압체제였다. 이승만 정권이 그러한 식민 지배 방식을 친일 관료의 지배를 통해서 자연스럽게 승계하여 일찍부터 경찰국가를 만든 것이다. 미군정을 거치면서 일제의 제도를 그대로 유지했고, 친일파 관료가 그대로 일제 법령을 시행하였기 때문에 사실상 일제 지배체제에서 사람만 바꾼 그 연장이었다.

1949년 반민법의 시행 좌초는 친일파 민족 반역자에 대한 숙청을 가로막고 그들의 지배 구조를 그대로 굳히는 결과가 되었다. 이 친일파의 민족 반역 행위에 대한 민족적·역사적 심판은 꼭 짚고 넘어가야 할 과제였으나 실패하고 말았다. 그리하여 결국은 이 땅에 민족정기와 사회 윤리와 정의가 설 자리가 없게 되었다. 결국 친일파와 모리배인 강자의 횡포와 금전만능과 기회주의가 판을 치는 사회가 될 수밖에 없었던 것이다.

개혁입법으로서 친일진상규명법은 바로 민족정기와 정의를 회복하기 위한 최소한의 발판을 마련하려는 법률적 작업인 것이다.

(3) 민주화를 위한 개혁의 당면 숙제들

1) 법률을 통한 독재 잔재 청산과 법해석 왜곡을 시정하기 위한 입법 조치의 필요성

이미 2004년 국가인권위원회는 국가보안법과 같은 매카시즘에 의해 악용된 악법의 폐기를 정부와 입법부에 정식 제안했다. 전향제도는 그보다

훨씬 이전에 김대중 정부 때 폐기되었다. '삼청교육'이란 강제 수용제도는 그 후유증의 청산이 일찍부터 문제되었고, 피해 실상에 대해선 의문사진상 규명위원회가 이미 정식으로 조사하여 보고한 바 있다.[52] 신군부 쿠데타의 산물인 국보위가 만든 사회보호법의 개폐는 보안관찰법과 함께 같은 차원에서 논의되어 왔다. 사회보호법은 2005년 6월 현재 법사위원회에서 폐기안이 의결되었다.[53]

특히 독재 권력에 의해 졸속 제정된 비상국무회의(1972년) 제정 법령과 국보위(1980년) 제정 법령은 다시 전면 검토되어야 한다. 결국 그 법령들은 쿠데타 권력이 불법 설치한 기관에서 급조한 법령이기 때문에 법리상으로 보아도 형식 절차상의 흠이 있을 뿐만 아니라, 그 법률 내용의 악법성 또한 명백하다. 그러니 하루빨리 시정되어야 한다.

아울러 독재 권력의 모순 구조로서 악법 질서의 내용을 이루는 가장 심각한 것은 쿠데타 이후 정치 탄압의 엉터리 재판(사법 처분)과 행정 처분 등이다. 그에 대한 전면적 구제와 시정 조치를 입법을 통해 하루빨리 단행해야 한다. 그렇지 않고 재판에 대해선 재심을 하여야 하고, 행정 처분에 대해선 행정소송을 제기해야만 구제, 시정될 수 있는 현재의 법구조를 방치하는 것은 결국 쿠데타 권력 질서를 존속시키는 것이다. 지금 우리는 그러한 자가당착적 모순을 그대로 안고 있는 것이 아닌가?

2) 정당제도와 선거제도의 개혁에 대해

돈이 판을 치는 정치를 없애기 위해서 무엇을 어떻게 해야 하는가에 초점을 맞추어 개혁해야 한다. 그리고 국민 참여의 정치를 올바르게 실현되도록 해야 한다. 먼저 정치 자금을 양성화하고, 재벌의 돈줄에 매달리는 정치 구조와 정당 폐습을 조성하는 여건을 타파해야 한다. 그래서 선거공영제도와 돈 뿌리는 정치운동 방지책은 계속 현행 제도를 살려나가며 구체적 조치를 강구해야 한다.

그리고 선거 연령을 18세로 낮추고, 정당 후보나 정당의 공약은 그 입법 요강과 시행을 위한 예산 규모와 그 재정 염출 근거 등을 미리 밝혀서 등록하는 가칭 '공약등록제도'를 시행하여 거짓말 공약에 철퇴를 안겨야 한다.[54] 또한 선거운동에서 운동 기간의 제한과 시대착오적인 호별 방문 금지제도를 폐지해야 한다. 호별 방문 금지나 선거운동 기간 제한이나 선거운동원으로 참여를 제한하는 제도는 일본제국주의 파쇼 정권이 1925년 보통선거법을 시행하면서 마련했던 제도를 계승한 것이다. 서구에서 선거운동이라면 누구나 원칙으로 자기 의견을 수시로 표명하고, 호별 방문이나 유권자와의 교류를 통해 정치 의견을 알리는 일부터 시작하는 것 아닌가? 지금 제도로 보면 호텔이나 골프장에서 만나고 룸살롱에서 거래하는 것은 상관이 없다는 이상한 제도이다.

그리고 1948년 선거 이래 아직도 통용되고 있는 문맹자용 투표제도인 '기호(記號)' 투표제도를 끝장내고 '기재(記載)' 투표제를 시행하도록 법률을 고쳐야 한다. 이 기호투표제는 후보자를 표시한 기호 밑에 붓두껍 도장을 찍는 제도이다. 기재투표는 투표자가 후보 이름을 기재하는 것이다. 투표하는 이가 후보자의 이름을 써넣게 하는 투표 방식을 따르는 것이 정상이다.

우리는 아직도 투표권자를 문맹인 바보 까막눈으로 보는 모욕적인 투표 방식을 유지하고 있다. 투표 용지를 과다하게 낭비하고 돈 들고 복잡한 투표 도구를 구비하며, 검표에서 혼란과 분쟁을 일으키는 기호투표제는 이제 박물관에 보내라. 문맹자용의 기호투표제는 끝내고 기재투표제로 유권자의 책임 있는 선택의 자유를 보장토록 해야 한다.

아울러 억압적인 관권 통제 선거의 잔재로서 국민을 벙어리로 만들고 비판을 사전 억제하는 언론 억압의 선거운동 규제를 폐기하여야 한다. 무슨 말인가 하면 시민운동의 자유로서 낙천·낙선운동의 자유를 보장해야 한다는 뜻이다. 유권자나 시민운동단체가 후보자 적격성을 두고 미리 찬반의 의사 표시를 하는 것을 금지하는 억압적인 제도가 있는 나라가 어디에 있는가?

닉슨이 대통령에 입후보했을 때에 『뉴욕 타임즈 위클리 리뷰』지는 "닉슨은 대통령이 되어선 안 된다"라는 제목의 논설을 게재하여 낙선운동을 했다. 왜 우리만 후보자의 적격성 여부를 논하는 찬성과 반대의 정치적 표현의 자유를 가로막는가?

헌법재판소는 낙천이나 낙선의 의사 표시 자체가 '경쟁자 운동'이기 때문에 낙선운동을 금한 선거법의 규정이 합헌이라고 했다. 경쟁자의 운동이 아닌 의사 표시라면 그것이 무슨 소용이 있는가? 부패 정치인 규탄운동에 제동을 걸려는 수구 기득권 부류의 얄팍한 계산이 깔린 술책이 아닌가? 의사 표현의 자유에 대한 제한을 부과하는 억지 법리이다.

이러한 민주 역행의 위헌·위법적인 판결을 반대하여 그 법리를 바꾸도록 해야 한다. 헌법재판소의 낙선운동 금지 정당화의 이유는 아무리 좋게 해석해도 궁색하기 짝이 없다. 개인이나 단체가 후보에 대한 찬반 의사를 드러내는 일은 정치적 선택의 자유문제이다. 그런데 그것을 원천 봉쇄해 놓고서 무슨 자유가 있단 말인가? 결국 부패 기득권을 감싸는 것 이외에 다른 이유가 무엇이 있는가?

3) 헌정제도와 관련하여

지금 헌법은 1987년 군사정권의 양보로 개정된 것이므로 불완전하거나 미흡한 점이 있다. 그렇다고 여기서 당장 헌법 개정 논의를 하기에는 고려할 여건이 복잡하게 중첩되어 있다. 우선 여기서는 현행 제도의 운영을 통해 보완할 것은 보완하자는 쪽부터 논의한다. 헌법 개정 대상이 되는 사항에 대한 문제 제기는 이미 공법학회와 시민단체에서 거론하고 있다. 한국 공법학회는 2005년도 정기총회 학술대회에서 "헌법 개정, 어떻게 볼 것인가"라는 논제를 다루었다. 그리고 창비와 시민행동은 "87년 체제의 극복을 위하여"라는 주제로 공동 심포지엄을 열었다. 자연스럽게 시민이나 학자들의 진지한 검토와 문제 제기를 거치는 것은 상관없다. 이 문제를 일부 정치인의 일방적 주도에 맡길 순 없다. 우리의 시민 정치의식도 성숙한 모습을 보여야 한다.

먼저 현행 헌법은 첫째, 대통령제이면서 부통령이 없는 권위주의적인 중남미형 대통령제이다. 이 점은 앞으로 적당한 시기에 시정되어야 할 것이다.

둘째, 지금 실정에서 그러한 기존 제도를 보완하기 위해서는 대통령 권한 대행자가 되는 총리는 반드시 선거로 뽑힌 의원 중에서 지명토록 해야 한다는 점을 지적한다.

셋째, 국가원수로서 대통령이 행사하는 사면권은 법률에 따라 규정을 두어 제한해야 한다. 만일 이 사면권이 남용 또는 오용되어서 정치인이나 전직 대통령에 대해 부적절한 사면을 하는 관례가 되풀이되어선 안 된다. 미국의 예를 봐도 닉슨 후임으로 대통령이 된 포드가 닉슨의 범죄를 전면적으로 사면함으로써 큰 실책을 범했다. 김대중도 대통령 취임 초에 국민적 여론을 감안하지 않은 채 내란죄 유죄 선고 확정을 받은 전두환을 사면해 주는 실수를 저질렀다. 전두환에 대한 사면 조치가 얼마나 국민 의사를 모욕한 것이며, 전두환의 오만과 불손을 초래한 것인가는 우리가 두 눈으로 똑똑히 보고 있다.

넷째로, 대선과 총선, 지방의원 선거와 자치단체장 선거 등을 하나의 투표 용지로 동시에 치르는 제도를 강구해야 한다는 점을 지적한다. 왜냐하면 일 년 건너서 선거를 하다보면, 선거운동의 과다한 비용 지출로 인해 경제를 어렵게 만든다. 또 돈줄을 쥐고 있는 재벌이 정치인과 정당을 주물럭거리는 폐단이 더욱 만연하게 된다. 박정희 정권 이후 돈줄을 쥔 자들이 자기 돈도 아닌 국고와 국민세금을 쓰면서 정치인을 호령하게 된 것이다. 그래서 재벌 부류는 자기 비위에 안 들면 정당에 압력을 가하면서 공직을 사유물로 만들어 버리는 브로커 정치 풍토를 조성해 갔다. 재벌이 특정 정당에게 돈을 트럭으로 실어다가 통째로 주는데, 그것을 받아먹은 정당이 집권을 하면 무슨 일로 보답을 하겠다는 것인가? 돈이 판치는 선거로 나라꼴이 어찌 되겠는가?

4) 지방자치제도의 보완문제

지방자치제도는 군사정권하에서 30여 년 동면 상태를 지속하다가 부활되었다. 그런데 그동안 지방에서는 군정 수혜로 육성된 토호와 기득권 부류가 비대해졌다. 부동산 업계와 건설업의 투기 붐도 작용해서 지방 행정의 과업과 기능이 예산·재정 면에서 비대해 가고 있다. 당연히 여기는 이권이 있고, 부패가 생겨나게 된다. 이에 제도적으로 대응하기 위해서는 지방자치단체장과 지방의원에 대한 주민소환제가 필요하다. 지금 그러한 장치를 주민이 나서서 마련하지 못하고선 막가는 격류를 막을 도리가 없다. 계속해서 잡혀 들어가는 지방자치단체의 임직원과 의원 등을 현행 형벌제도만으로는 막기 어렵다는 것을 우리는 똑똑히 보고 있다.

2. 사법계의 실상과 개혁의 과제
― 법치와 민주는 하나가 되어야 한다

(1) 일제 잔재의 뿌리가 가장 깊이 박힌 법조계의 문제

일제 잔재가 가장 많이 그리고 가장 깊게 남아 있는 부문이 법조계이며 사법제도이다. 왜 그렇게 되었는가? 미군정을 거치면서 일제 법령과 법제 전반을 1948년 제헌 당시의 헌법 100조에 의해서 그대로 수용하였고, 동시에 미군정 당시의 친일파 관료가 제헌헌법 103조에 의하여 그대로 대한민국 정부의 공무원이 되었기 때문이다.

물론 당시의 구법령에 대한 규정은 "현행 법령(일제 법령과 미군정 법령을 말함)은 이 헌법에 저촉되지 아니하는 한 효력을 가진다"고 해서 당시에 시행되고 있던 구법령인 일제 법령과 미군정 법령의 효력을 조건부로 인정했다. 그렇지만 그 후에 구법령이 대한민국 헌법에 저촉되느냐의 여부를 별도로 심사하여 법률로 선별한 것은 없다. 따라서 헌법 제정 이전에 시행되던 일제 법령과 군정 법령은 별도의 입법 조치가 없는 한 모두 수용된 것이다.

동시에 헌법 103조는 "이 헌법 시행 당시에 재직하고 있는 공무원은 이 헌법에 의하여 선거 또는 임명된 자가 그 직무를 계승할 때까지 계속하여 직무를 행한다"고 정하여 미군정하에서 임용된 친일파인 일제 관리의 신분을 그대로 보장했다. 제도나 인적 면에서 일제 잔재가 고스란히 계승된 것이다. 특히 경찰, 검찰, 법원은 주로 일제하의 관리가 주류를 이루었음은 말할 것도 없다.

일제하의 판검사 출신 이외에 법원과 검찰청의 서기, 통역, 임시 직원 등이 군정하에서 검찰관과 법관으로 임용되었다. 특히 일제 고등문관시험 행정과 합격자까지도 판검사와 변호사 자격을 주었고, 그 후에도 판검사 특임시험 등으로 변칙적으로 양산했다. 일제 때 치안유지법과 전향제도 및 보호관찰제도의 운영에 보조한 직원이 해방된 상황에서 아무런 사죄나 심사 절차 없이 기용되었다. 그러한 관리에게는 민주주의보다는 일제하의 권위주의와 관료주의, 군국주의와 파시즘의 이데올로기가 그대로 머릿속에 간인된 것은 따로 말할 것이 없다.

그렇다고 별도의 민주교육을 특별히 실시한 적도 없다. 하기는 교육시킬 준비도 되어 있지 못했다. 그들에게 헌법의 '자유'나 '민주주의' 원리는 실감이 나지 않았을 것이다. 오히려 그들에게는 일본제국주의의 기풍이 몸에 배어 있었다. 그들은 일제의 군국주의와 파시즘이 극성을 떨치던 1930년대 이후에 일제 고등교육과 고등문관시험을 통과한 자들이다. 민주주의 사상이란 것이 해방 때문에 갑자기 정통 이데올로기로 되니까 어쩔 수 없이 그것을 받아들인 것이었다.

무엇보다 법조인의 일제하 식민지 지배에 대한 인식과 반응을 보면 그러한 제국시대 잔재를 그들의 행적과 자세에서 살펴볼 수 있다. 1975년에 법원 행정처가 엮어 펴낸 『한국법관사(韓國法官史)』를 보자. 육법사(育法社)가 펴낸 책의 발간 연도는 1981년으로 되어 있지만, 원래 초판을 보면 서문을 1975년 12월 15일자로 당시 법원 행정처장이던 김병화가 쓰고 있다. 이 책 서문에서 1894년을 한국의 근대법제 도입 시행의 원년으로 삼고 있는 것은 이의의 여지가 없다. 그러나 1905년 일제의 보호국으로 전락하여 식민지가 된 시기를 포함하여 1910년 강점된 이후부터 1945년 일제 패전 그리고 1945년부터 1948년까지의 미군정 통치 기간을 포함하여 한국 법관의 역사를 서술하고 있다. 그래서 일제 법령은 물론 일본인 판사 명단도 정중하게 한국의 법관으로 수록되고 있다. 이러한 식민지 잔재에 대한 불감증은, 서울대학교가 일제 식민정책의 일환으로 설립되었던 경성제국대학의 '후신'이라는 해석이 당당하게 통용되어 온 것과 맥을 함께하고 있다. 결국 식민지 잔재를 그대로 지닌 사고방식을 극복하지 못하고 있는 것이다.

　패전 후 일본에서 사법부가 민주개혁에 대해 얼마나 수구적이며 시대역행적이었는가 하는 것은 그들 법조의 반개혁적 반발과 개혁 회피가 성공한 나쁜 사례에서 볼 수 있다.[55]

　일본의 검찰관, 법원 판사, 변호사 등 일부가 신헌법 제정과 최고재판소 창설에 따른 사법개혁에 반발해 왔다. 그들은 수구 관료파를 중심으로 개혁 인사의 배제와 최고재판소 요직을 독식하는 등 개혁 조치의 시행을 원천 차단하여 치안유지법 시행의 주역이나 그 방조 세력을 온존시켰다. 또 법률 시행(해석 적용)에서 줄곧 보수적이며 헌법 회피적인 해석 적용으로 일관해 왔다. 예컨대 '사법소극주의'를 악용해서 위헌 심사를 사문화시키며 헌법문제를 회피하고, 기득권에 손상이 가거나 해를 끼치는 판결을 억제해 왔다. '통치행위론'이 그것이고, 까다로운 정치 판단을 회피하며 재판 자체를 지체시키거나 하는 사법 행정의 실태가 그것이다. 특히 하급 법원 판사 연수에서 구관료주의를 옹호하기 위한 각종 술책을 써서 혁신적 성향을 가진 인사를 원천 제거해 왔다.

한국은 일제하의 사법 관료가 주도하면서 헌법의 민주성이 사법에 침투되지 못한 채 겉돌고 있었다. 때문에 헌법은 '간판법'으로 전락한 채 '실정법'이라고 하는 하위법의 해석 적용은 일제 때 판례 법리가 무비판적으로 수용되는 실정이었다.

그래서 한국의 정치 기류에는 일제 식민 지배하의 법령제도와 그 종사자의 친일 반민족적 죄과에 대한 아무런 죄책감이나 분노심도 없었다. 따라서 일제에 복무한 친일 법조 관료가 일제 법령을 운영하며, 그러한 식민지적 법률의식과 법률관으로 고스란히 이어 왔다. 그들의 의식 구조에는 제국주의적 권위주의와 관료주의가 자리잡고 있다. 그렇게 오염된 식민 잔재의 건재함은 민주 헌법의 운영에서 어떻게 반작용을 했을까? 이 점은 따로 연구, 비판되어야 할 과제이다.

일본의 학설과 판례 법리 등이 한국의 법률 해석에 얼마나 영향을 주어 왔는가? 특히 그 공과 중에서 우리가 얼마나 잘못된 유산을 받아 이어 오고 있는가를 검토해 보는 학술대회를 한국법학교수회가 일찍이 1988년 충남대학에서 개최한 적이 있다.

당시 나는 한국법학교수회의 사무총장으로서 학술대회를 책임 기획하면서 일본 법리의 수용과 그 문제를 검토해 보도록 했다. 그 역사적 배경으로 「한국 판례 형성과 그 종합적 조명」이란 글도 써서 발표했다. 그것을 『법률신문』에 일부 연재했는데, 이유도 모르게 중단되었다. 아마도 기존 법조에 대한 비판이 못마땅해서 중단시킨 것 같았다. 당시 학술대회의 성과를 모은 자료집도 발간했다.[56] 이 자료집이 얼마나 주목을 받았는지는 모르지만, 실무 법조계에서는 묵살에 가까운 무반응이었다. 우리의 상황은 수구 기득권과 전통적 일제 잔재의 벽에 둘러싸여 있다. 물론 1990년대 점차 시류가 다른 분위기로 바뀌면서 조금씩 달라지고 있지만, 아직도 멀었다.

그렇다면 그러한 법조인에 의하여 일제 잔재를 청산한 민주 헌정의 시대가 화려하게 전개될 것을 기대할 수 있을까? 우리가 1948년 헌법을 제정한 이후에도 민주공화국이란 것이 일제시대의 변조판으로 전개된 이유를 알 수 있을 것이다. 그러한 변태적 상황에 대해 우리는 반백 년 이상 아무렇지 않게 지내오면서 일제 잔재가 판을 치는 법률과 정치를 방치하여 왔다. 그 도의적 책임은 일제 관료와 그 추종자들에게만 있는 것이 아니다. 그러한 사태에 무지했거나 무책임하게 방관했던 사회 지배층과 지식인에게 엄중한 책임이 있다.

일제시대에 관료로 출세해 부귀영화를 누리고자 독립운동가를 때려잡던 행위를 한 자가 독립된 민주공화국에서 버젓이 행세할 수 있었던 배경과 연유를 똑바로 알아야 한다. 반성과 자책이 없다면 민주화의 길은 아직도 먼 것이다. 친일 행적을 치욕으로 알지 않는 이상한 나라의 풍조는 자기 얼굴에 침 뱉고 재 뿌리는 바보짓이 아니고 무엇인가? 그래서 매국노 이완용과 송병준의 후예가 떵떵거리고 살고 있는 것이다. 이제까지 걸어온 발자취를 보면 친일 관료의 매국적 반민족 행위가 대한민국에서 출세 관문의 입장권이 되어 온 것이다.

여기서 고위 법조인의 일제시대 전력 일부를 살펴본다.

〈해방 후 법조계 요인의 일제하 관리 전력 상황〉

역대 대법원장은 초대 김병로 원장 이외에는 2대에서 7대까지 전부가 일제시대 판사 경력자이다.

법무부장관은 3대에서 27대까지 대개 일제시대 판검사 출신이고, 3대 장관 이우익처럼 법원 서기 통역에서부터 올라간 이도 있다.

참고로 민복기의 사례를 보자. 그는 일제시대 판사 출신으로 3대(16~18대)에 걸쳐 법무부장관을 역임하고, 2대(5~6대)에 걸쳐 대법원장을 역임했다. 그는 박정희 정권 법무부장관 재임 시절에 국회에서 똥물 세례를 받기도 한 유명한 친일 가문의 법조인이다. 이 사례에서 보듯이 일제 관리 출신은 출세주의와 기회주의가 체질적인 특성인지 모르겠다.

대법원 대법관 또는 판사도 일제시대 관리 출신을 꼽으면 14명 이상이다. 그 후 세월이 흘러서 신군부 집권 시기에는 친일파 관리보다 그 후손이나 아류, 추종자가 대를 이어 등장한다. 일제 잔재의 제도와 일제식 법조 전통·관례는 그대로 승계되었고, 일본 판례는 해방 후에도 우리 판결의 모델이 되었기 때문에 판검사는 일본 법리의 습득이 필수적이었다.

이 점은 법학에서도 예외가 아니다. 헌법을 기초하고 대학총장과 교수를 지낸 유진오를 비롯한 많은 중견 법학자는 일제 제국대학 출신으로 1930년대 파시즘 분위기와 학계의 파시즘화 풍조 속에서 자신도 모르게 오염되었다. 그래서 패전 이후 일본에서 민주주의 법이론이 모색될 당시에도 자기가 배운 파시즘 법학을 법학 정신의 고향으로 삼았다.

이를테면 오다카 도모(尾高朝雄) 경성제국대학 교수의 제자를 자처하며 그의 법철학을 계승했다는 황산덕의 법철학은 오다카 법철학의 복제 축소판이었다. 자연히 그의 법철학에는 민주주의 정신이 거의 결여되어 있었다. 오다카 도모오의 『실정법구조론(實定法構造論)』과 『법철학개론』이란 책 일부를 모작하고, 오다카가 사사한 오스트리아의 법학자 한스 켈젠(Hans Kelsen)의 『순수법학』의 이론을 받아들였다. 그런데 그의 주장은, 켈젠의 민주주의 법철학과 이론의 정신은 빼먹은 채 그의 법실증주의 한쪽 면으로만 치우친 것이었다.

켈젠의 민주주의 법정치 이론을 정력적으로 소개한 이는 오히려 이두산이란 필명으로 『사상계』에 정력적으로 켈젠의 민주 이론을 소개하여 볼셰비즘을 비판한 혁신계의 정치학자 이동화였다.

황산덕이 소개한 켈젠과 칼 슈미트의 '헌법의 수호자' 논쟁에서도 왜 슈미트가 나치스 편이 되었고, 켈젠의 민주주의 이론이 왜 높이 평가되어야 하는지 등에 대한 뚜렷한 지적이나 강조가 부족했다.

켈젠의 책 중에는 장경학이 번역한 『공산주의 법이론』이 소개되어 있고, 장경학이 쓴 『켈젠의 법이론』이란 책자까지 1950년대 말에 나왔다. 켈젠의 『순수법학』의 독일어 원서 복사판과 영문판 『법과 국가의 일반 이론』의 복사판을 가지고 1950년대 법학도는 원서 강독의 교재로 사용했다. 그런데 유감스럽게도 켈젠의 민주주의 법철학이 지니는 역사적 배경과 정치적 의미를 뚜렷하게 부각시켜 가르친 교수를 기억할 수가 없다.

우리 법학계의 빈곤한 민주주의 법철학과 황무지 상태는 결국 출세주의 고시파(高試派)만 길러내고 말았다. 그들이 수험 경쟁에서 남을 앞질러 출세했고, 결국 이들 수험 수재들 중에 상당수는 군사독재의 법기술자이자 하수인으로 전락하게 되었다. 우리는 이 점까지 검증 비판해서 반성을 해야만 법학교육의 문제로 연결되는 올바른 사법개혁의 방향을 잡을 수 있는 것이다.

(2) 사법개혁의 시도와 진정한 과거청산을 위한 근본 과제

김영삼 정부 이래 사법개혁의 실적이 빈곤한 이유는 무엇인가?

김영삼 정부와 김대중 정부에 이어 참여정부도 사법개혁을 시도하고 있다. 두드러진 최근 동향은 로 스쿨 제도의 도입과 그에 대한 변호사회와 법대 교수들의 반발, 형사소송법 개정에 대한 검찰 일부의 반발, 그 밖에 경찰과 검찰 양측의 수사권 문제를 둘러싼 갈등으로 나타난다.

여기서 우리는 개혁의 대상이 개혁의 주체로 행세하면서 여전히 기득권에 안주한 '밥통 지키기' 갈등의 범위를 넘어서지 못하고 있음을 본다. 한승헌 사법제도개혁추진위원회 위원장은 시민과 시민단체가 참여한 국민적 개혁의 추진이라고 공영방송에까지 나와서 열심히 자기 홍보를 했다. 그것을 보면서 솔직히 말해 아직도 멀었구나 하는 아쉬움과 실망감을 느끼지 않을 수 없었다. 위원장의 홍보 차원이 아니라 서민 대중 편에서 문제를 파악하고 서민의 애로를 들어보려는 자세를 기대했기 때문이었다.

한승헌 변호사야말로 군정 당시에 잘못된 법률 운영으로 인해 고초를 겪었던 피해자이다. 그렇기 때문에 개혁의 주체가 누구이냐 하는 문제가 얼마나 중대한 변수인가를 생각할 수 있는 법률가로 기대하고 있다.

김영삼과 김대중 두 정권의 개혁 실적은 평가할 만한 것이 못된다. 참여정부의 개혁 시도 역시 관료 주도의 테두리를 벗어나지 못하고 있다. 그래서 나는 그 실적으로 봐서 자찬하기는 이르다고 본다. 아직도 할 일이 많고, 근본 자세의 일대 전환을 꾀하려면 반발과 갈등을 각오한 결단이 있어야 한다.

여기서 이 문제를 제기해 본다.

1) 법조계와 법조인의 철학과 기풍이 민주화의 전기가 마련될 여건을 조성해야

법조계나 법조인은 기존 질서를 준수하는 입장이 체질화되어 있고 개혁시대나 변동기에는 특히 보수적이 되어 때로는 시류를 거역하기 쉽다. 특히 우리의 경우는 일제 잔재에 오염된 독재시대의 세월이 너무 길었다. 그 과정에서도 '사법 관료주의'의 폐풍은 더욱 지독하다.

먼저, 법조인은 민주적 관점에서 법인식을 하는 품성을 갖추어야 한다는 아주 추상적 문제를 제기한다. 민주주의를 체질화해야 함은 물론이고 문제의식도 철저해야 한다. 그것은 법학교육과 법조 양성 과정의 문제로 초점이 모아지며, 한편 넓게 보면 우리 시민교육의 문제이기도 할 것이다. 간단치 않은 일이다. 여기서 나는 우선 두 가지 과제를 말하고자 한다.

먼저 프랑스 인권선언 제6조의 민주주의 법률관을 강조하고자 싶다. 아직도 권위주의 의식 구조 속에 갇혀 있는 사람은 법률 또는 법을 권력자 또는 지배자의 명령이나 의사로 받아들인다. 그러나 민주주의 법률관에서는 프랑스 인권선언 제6조가 명시하듯이 법률은 국민 총의(국민의 일반 의사)의 표현이다. 동시에 그것은 국민의 이름으로 제정되어도 천부인권을 내용으로 하는 자연법, 정의의 법질서를 어기는 악법이면 법이 아니라는 근대 시민사상을 전제로 한다. 그래서 법률 = 인권의 질서(정의 이념 구현) = 국회 제정 법률 형식의 표현이란 세 가지 내용을 갖추어야 한다. 이 점을 인식하는 법조인을 양성하는 교육과 연수가 되어야 한다. 로스쿨 제도로 법률 기술자만 만들면 되는 것이 아니다.

다음으로 법률학 입문자에게 루돌프 예링(Rudolf von Jhering)의 『권리를 위한 투쟁』[57]이란 책을 소개해 주고 싶다. 근대법은 공법이고 사법이

며 권리 주체 본위의 관계이다. 그리고 법률관계는 사회관계이다. 그렇기에 법률관계는 권리 의무란 거래 = 계약관계이고 약속이며, 이해관계의 대결인 사회관계 속에서 효력이 있다. 그래서 "권리 위에 잠자는 자는 보호받지 못한다"는 것이다. 우리는 '법 없이도 사는 사람'을 착한 사람으로 보지만, 법 없이는 살 수 없는 세상이다. 법 없이도 사는 사람은 악인과 권력 찬탈자만을 이롭게 하는 법의 파괴를 방조하는 자가 될 수도 있다는 것을 알아야 한다. 현재 한국사회의 법률 생활이 혼탁한 요인은 권리 의무관계를 인정과 의리, 선의에만 의존하려는 '착한 바보'와 '똑똑한 악인' 사이의 형평성이 붕괴해 생겨난 것임을 이해해야 한다. 이 점을 알고 근대법이 요구하는 근대적 사회관계의 해법이 통하여 정의가 서도록 해야 한다.

법조 양성 예비기관과 시험제도를 비롯 시민의 정치법률 교육제도는 철저하게 민주주의 사상과 철학을 일상생활의 사고방식과 법률관 속에서 살아 있도록 체득하게 해야 한다. 그래서 제도와 그것을 이끄는 사상과 철학인 민주주의가 자기 자리를 잡고서 운영되어야 한다.

여기서 우리는 로 스쿨 제도의 도입이 법조 예비인 양성의 관문을 유산자층으로 한정시켜 버릴 수 있음을 경계해야 한다. 즉 유산자층이 법률 전문직을 독점하도록 해서는 안 된다는 것이다. 지금 우리 사회에선 의학과 법학이 가장 상위권 엘리트의 전문직으로서 높은 수입이 보장되는 직종으로 꼽혀 오고 있다. 그런데 그 부문의 일류 대학에 가는 것은 수험교육을 충분히 그리고 여유 있게 일찍부터 받을 수 있는 유산층의 자제가 유리할 수밖에 없다. 즉 '시험 수재'들이 독점하게 마련이다. 사회봉사 의식이나 봉사 실적 또는 전문 직업에 합당한 품성과 자질의 검증은 뒷전이고 수험 성적만이 유일한 기준이 된다.

2) 사법 권위주의와 사법 관료주의의 인사제도부터 타파하라

2001년 판사 서른 세 명은 "판사들이 승진에서 자유롭지 못한 기존 사법제도가 불신을 초래하고 있다"면서 개혁을 요구하고 나섰다. 그 후로 상당한 세월이 흘렀다. 김영삼 정부에서 사법제도개선위원회를 만들어서 대책을 강구한 이래 김대중 정부에서도 그랬고 현 참여정부도 그 과정을 되풀이하고 있다.

여기서 이미 강조한 바를 다시 한번 말한다. 나는 현재 사법개혁의 시도에 대해 회의적이고 의심스럽다. 왜냐하면 개혁의 대상이 스스로 주체와 주역이 되고 있기 때문이다. 개혁의 주체이자 주역은 그들이 아니라 국민이 되어야 한다. 개혁의 대상은 먼저 무엇이 잘못되었는지 반성을 하고 과거 잔재의 실태에 대한 백서부터 내서 국민 심판을 받아야 한다.

지금 고쳐야 할 것은 뻔하다. 일제식 서열 위주의 인사제도와 문호폐쇄주의는 안 된다. 과감하게 '관료사법'의 타성을 깨고 인사의 문호개방과 함께 국민 또는 국민과 시민단체 대표에게 참여 통로가 개방되어야 한다. 법관은 재야 법조의 경험자를 영입하는 제도로 바뀌어야 옳다. 그래야 미국식 로 스쿨 제도의 효력이 있고 관료주의, 문호폐쇄주의, 특권의식의 시대착오성을 극복할 수 있다. 특히 대법관과 헌재 재판관에 재야 법조를 영입하는 것이 우선돼야 한다.

여기에 덧붙여서 배심제이든 참심제이든 일본식 재판원제이든 국민이 사법 과정에 참여하는 것은 거스를 수 없는 추세이다. 검찰 관료의 경직성을 완화시키기 위해서는 우선 일본식 '검찰심사위원회' 제도 정도의 국

민 참여의 검찰 견제 장치가 필요하다. 그리고 대법관이나 법원장급, 헌법재판관 등 중요 고위직 법관은 퇴직 후에 변호사 영업을 해야만 먹고살거나 하는 궁색을 덜어주는 제도 장치의 보완이 필요하다. 그래야만 고위직 판검사 경력이 돈벌이 입장권이 되는 일이 없게 된다. 돈에 눈먼 법조인 세상을 막아야 한다. 이에 대해 직업 선택의 제한이나 평등권 침해라는 말로 트집 잡을 수 있다. 그러나 문제는 그러한 점에 있지 않다. 좀더 길게 내다보아서 외국의 좋은 예와 전통도 배우고 받아들이자.

헌법재판관이 비상임직으로 활용되던 시절에 그 직에 있는 변호사가 변호사 업무로 바쁜 모습을 보았다. 지금도 고위직 판검사의 경력은 변호사는 물론이고 재벌이나 큰 로 펌에 이름을 빌려주고 돈을 버는 징검다리 역할을 한다. 이래선 국민이 법조제도를 의혹의 눈초리로 보는 것을 섭섭해 할 일이 하나도 없다.

3) 헌법재판은 헌법을 아는 재판관이 해야 한다

나라의 최고 법인 헌법을 수호하는 헌법재판소의 재판관은 헌법을 아는 사람이 되어야 한다. 물론 헌법을 알 뿐만 아니라, 헌법 수호의 의지와 자세가 그의 행적으로 실증된 사람이어야 한다. 너무나 당연한 얘기 아닌가? 그런데 지금 형편을 보면 연구관이 헌법재판을 하는지, 재판관이 헌법을 알고 재판하는지 혼란스럽다. 헌법재판관은 국민이 믿을 수 있는 소양과 경륜을 갖춘 사람이어야 한다. 헌법재판은 가치 판단이나 정책 판단의 문제이다. 이 점을 전제로 외국 헌법재판관의 선임 요건을 보라고 말하고 싶다.

헌법재판소의 그간 실적을 두고 높이 평가할 점도 있다고 하지만, 그

흐름이나 주요 사건에서 불쑥불쑥 나오는 의견을 보면서 나로선 솔직히 말해 마땅치 않고 불안하다.

일본은 미국식 사법 심사제도를 채택하면서도 전문 법조의 완고성과 폐쇄성, 경직성을 막고 새로운 바람을 불어넣었다. 그리고 헌법 판단이 가치 판단이고 정책 판단과의 관련성이 있다는 점을 감안해 법학교수나 비법률가의 참여까지도 명문으로 보장했다. 그래서 1990년대 호소가와 내각은 법률 전문가가 아닌, 노동부 부녀국장인 노동 전문가를 재판관으로 임명했다. 물론 교수로서 최고재판소 소장을 한 사람은 다나카 고타로(田中耕太郎)와 요코다 기사부로(横田喜三郎) 등을 꼽을 수 있다. 유명한 행정법 교수인 다나카 지로(田中二郎)도 퇴임 후 최고재판소 재판관으로 봉사했다. 그뿐 아니다. 일본국 헌법 최고재판소 재판관에 대한 국민심사제를 채택하여 국민의 신임을 받지 못하는 재판관의 퇴출도 제도화했다. 물론 이 제도는 상징적이지만, 그 상징성 자체도 가치가 있는 것 아닌가?

4) 일제 잔재인 고문과 가혹 행위, 재판 지체와 비용 과다 등의 문제

법조제도를 풍자한 말로 가장 유명한 것은 '무전유죄 유전무죄'일 것이다. 그것 못지않게 신랄하게 세태를 풍자한 것으로 다음의 말을 들 수 있다. "감옥소 문과 재판소 문턱은 안 넘는 게 상팔자." 사실 서민으로선 일생에서 재판소(법원)의 신세를 지는 일은 아직도 일대 재난이다. "송사 십 년에 집안 망한다"는 말이 있다. 서민의 처지에선 소송에 얽혀 들면 개인으로나 집안으로나 이미 신세 망친 것이다.

독재시절처럼 고문이 공공연히 자행되진 않지만, 지금도 검찰에서 조사받던 피의자가 죽는 사고가 있다. 경찰이나 정보기관에는 끌려갈 때부

터 이미 집안은 망조가 든 것이 된다. 우선 자기 방어의 겨를이 없고, 형사 피의자로 찍힌 사람은 기피 인물이 되어 주변 친지들도 멀리 한다.

관청에서 불러 놓고 무작정 기다리게 하거나 불친절 등은 우리 서민들이 흔히 당하는 일이다. 앉혀 놓고 물을 안 주거나 화장실을 못 가게 하는 등 몸을 부자연스럽게 만드는 것은 미국 중앙정보국 고문 교과서에서도 가장 위협적인 고문 방법으로 나와 있다.[58]

지금 우리는 피의자나 피고인이 변호인 입회하에 심문 받을 수 있는 보장이 법률적으로 잘 되어 있지 못하다. 헌법이 보장하는 묵비권도 심문하는 기관으로부터 고지받으면 잘 대접받는 것이다. 무엇보다 서민에게 변호인 의뢰는 우선 돈문제이다. 국선변호인제도나 기타 법률구조제도가 있지만, 실제로 현장에서 당하는 서민 피의자의 처지는 돈이 있고 없고에 따라 큰 차이가 있다. 아마도 그것은 어느 정도의 차이가 아니라, 하늘과 땅 차이일 것이다.

이 문제가 사법개혁에서 진지하게 모색되는 것이 법률 생활의 첫 과제이다.

마무리하는 말: 정계·법조계 개혁을 위한 제언

1. 일제와 독재 권력의 잔재인 권위주의와 관료주의, 군국주의와 파시즘에 오염된 제도와 법령, 악습과 폐습, 관행과 이데올로기를 극복 타파해야 하고, 그 인적 잔재를 청산해야 한다.
2. 악법으로 입증된 제법령을 개폐하고, 고문 가혹 행위를 기정사실로

묵인한 엉터리 판결들을 시정하라. 관존민비의 독선과 폐쇄주의적 관료 특권을 타파하고 정보 공개를 통한 국민의 알 권리를 보장하라. 이를 관철하기 위한 입법·행정 조치와 사법 처분을 즉시 강구하라.

3. 과거 독재 권력에 연루되었고 그에 편승하여 잘못을 저지른 정치인과 관료는 자숙하고 사죄하라. 그들은 범법을 자행해 국민에게 피해를 주었으며, 특히 법집행과 재판에서 독재 권력의 충실한 하수인 노릇을 해옴으로써 역사에 남는 죄악을 저질렀다. 그 책임자는 스스로 사죄하고 근신하라.

4. 정치 자금 모금과 선거운동 규제, 기타 선거제도의 일제 잔재나 자유를 제약하는 시대착오적인 규정은 문제된 것부터 개폐하라. 정치적 권리의 행사인 낙천·낙선운동을 억압하는 악법은 구시대 박물관으로 퇴장시켜라. 낡은 구시대 정치의 기득권을 법률의 미명하에 악법으로 유지하려는 시도는 용납될 수 없다. 정경유착의 온상이 되어 온 정치인의 이권 브로커화를 원천 차단하는 개혁 조치를 강구하라.

5. 지방자치단체장과 지방의회 의원에 대한 주민소환(파면 발안)제도를 설치하라. 원래 지방자치의 특성상 주민소환제는 자치 출범 당시에 일부 제정되었던 것인데, 그 후 군정 때 자치를 중단시키는 과정에서 실종되어 주민의 기억에서 잊혀지게 되었다. 그러나 지금 자치단체의 역할과 기능이 막중해졌을 뿐만 아니라 군정독재 30여 년간 지방 유지로 등장한 일부 부류의 타락과 일탈은 주민소환제를 통한 자치체 방어를 필요로 하게 되었다. 소환제의 부활과 강화는 자치의 건실한 회생 발전을 위한 응급책이 되고 있다.

6. 사법 과정에 국민 참여를 보장하는 각종 제도를 수립하라. 배심제도

이건 참심제도이건 국민을 참여시켜야 한다. 관료주의 사법시대는 이미 시대착오적인 유물이다. 아직도 일제식 관행과 관례에 매달리는 일부 수구 부류는 시대의 흐름을 똑바로 보라.

7. 사법개혁의 주체는 국민이어야 한다. 국민 대중은 아직도 사법으로 인한 피해자이자 소외자의 처지에 있다. 국민 대중의 목소리가 반영되지 못하는 사법개혁의 관료주의적인 형식적 행사에서 탈피하라. 국민은 시민사회단체를 통해 더욱 솔직하고 과감하게 자기 목소리를 내라. 특히 법조인 양성 관문을 유산층이 독점함으로써 법조인 양성제도가 변질, 전락되는 것을 경계한다.

8. 관료

자리를 마련해 주는 기구로 전락하고 있는 각종 법률 구조 관련 관청을 과감하게 개혁해야 한다. 그렇지 않고선 세금만 퍼먹는 파행적 사법 관료주의를 극복할 수 없다.

관료주의적 사법제도의 한계의 벽을 허물기 위한 시민운동은 지금부터 시작이다.

과거청산에 대해 필자가 쓴 글과 논설

■ 저서

『화 있을 진저 나희들 법률가여!』(패스앤패스, 2004).
『사상을 벌주는 나라』(패스앤패스, 2004).
『일제 잔재 청산의 법이론』(푸른세상, 2000).
『우리 사회의 일제 잔재를 본다』(푸른세상, 2001).
『일제 잔재 무엇이 문제인가?』(법률행정연구원, 1996).
『한국의 법문화와 일본제국주의의 잔재』(교육과학사, 1994).

■ 논문과 논설

『대학 언론인 민주주의 배움터』(민주화운동기념사업회, 2005년 5월 3일).
「한국 근현대사에서 혁명과 개혁의 시련과 4월혁명의 정신」, 『자주통일의 길』(4월혁명회, 2005).
「친일 반민족 반민주적 부류의 물적 기반이 되는 친일파 재산의 처리」, 『민주사회를 위한 변론』 2004년 9월~10월호.
「왜 일본제국주의의 잔재가 문제되는가?」, 『씨알의 소리』 2004년 9월~10월호 통권 180호.
"한국의 법학과 개혁의 과제", 성신여자대학 법학연구소 주최, 2004년 10월 13일 강연.
「과거청산 어떻게 해야 하나?」, 『한겨레신문』 2004년 8월 18일 18~19쪽.

「개혁과 단축된 제혁명」, 『민주사회를 위한 변론』 2004년 3월~4월호.

「사법개혁과 '로 스쿨' 설치문제」, 『亞-太 公法硏究』 제12집, 2004.

「화 있을 진저, 너희들 법률가여! — 구시대 잔재 청산을 위한 사법개혁의 제언」, 『인물과 사상』 제28호, 2003.

「구시대 잔재 청산을 위한 과제」, 『민주사회를 위한 변론』 2003년 1월~2월호.

「21세기 민족문제와 일제 잔재」, 『철학과 현실』 2002년 여름호.

「민족 반역의 대물림」, 『한겨레신문』 2002년 2월 9일 8쪽.

주석

1) 세지마 류조 회상록, 『幾山河』(産經新聞社, 1996) 참조.
2) 박선원, 「냉전기 한일 협력의 국제정치―1980년 신군부 등장과 일본의 정치적 영향력」, 『국제정치논총』 제42집 3호 (한국국제정치학회, 2002).
3) 石原愼太郞, 『現代史の分水嶺』(文藝春秋社, 1990), 237쪽 이하.
4) 岡崎久彦, 『戰略的思考とは何か』(中央公論新社, 1983).
5) 岡崎久彦, 『吉田茂とその時代』(PHP研究所, 2003), 20쪽.
6) 사쿠라이 요시코(櫻井よしこ)는 베트남 출생의 저널리스트로서 하와이대학에서 역사를 공부했다. 『크리스천 사이언스 모니터』지를 거쳐 1980년대부터 16년간 텔레비전 뉴스를 진행했다. 지금은 자립해 평론가로 활동하고 있는데, 특히 지적해 둘 것은 그녀가 일본의 본격적인 군사 대국화를 향한 재무장 개헌론자라는 것이다. 사쿠라이는 이번 인터뷰를 통해 일본의 개헌과 전쟁국가로 나아가는 길을 닦는 논리에 한국 우익 인사들의 입을 빌려 자기 주장의 논리 구조에 짜 맞추고 있다.
7) 『문예춘추』 2005년 3월호, 321쪽.
8) 같은 책, 322쪽.

9) 같은 책, 322쪽.

10) 같은 책, 323쪽.

11) 사쿠라이는 20여 명을 면담했다고 하는데, 여기서는 그녀의 글에 나온 인명만을 제시한다.

12) Allen Hammond, *Which World: Scenarios for the 21st Century : Global Destinies, Regional Choices* (Shearwater Books, 2000).

13) 『문예춘추』 2005년 3월호, 328쪽.

14) 櫻井よしこ, 『憲法とはなにか』(小學館, 2000).

15) 櫻井よしこ, 『立ち上がれ! 日本』(PHP研究所, 2001).

16) 당시 조약국장 니시무라 구마오(西村熊雄)의 회고담, 『말하는 昭和曆史』 3 (아사히신문, 1990), 니시무라의 글,「講和條約」, 303쪽 이하를 참고하라.

17) 岡崎久彦, 『戰略的思考とは何か』(中央公論新社, 1983).

18) 일본 극우 잡지 『정론』 2005년 10월호에 실린 이리에 다카노리의 「도조 히데키의 세 가지 공헌」 참조.

19) 『월간중앙』 1976년 2월호 별책부록.

20) William Blum, *Rogue State* (Common Courage Press, 2000).

21) William Blum, *Killing Hope* (Common Courage Press, 2000), 조용진 옮김, 『미군과 CIA의 잊혀진 역사』 (녹두, 2003).

22) 大江志乃夫, 『戒嚴令』(岩波書店, 1992), 28쪽.

23) 吳善花, 『反日韓國に未來はない』(小學館, 2001).

24) 下條正男, 『竹島は日韓どちらのものか』(文藝春秋社, 2004).

25) 石原愼太郎, 『日本の力』(文藝春秋社, 2005).

26) 中川八洋, 『日本核武裝の選擇』(德間書店, 2004).

27) 中曾根康弘, 『日本の總理學』 (PHP硏究所, 2004).

28) Bertrand Russell, *Unpopular Essays* (Routledge, 1996), p. 160.

29) 같은 책, 175쪽.

30) 『공동번역 신약성서』 (대한성서공회, 1971), 363쪽.

31) 존 우(오경웅)는 중국에서 태어나 미국·프랑스·독일 등지에서 법학을 배웠다. 20세기 미국 최고의 법사상가로 알려진 올리버 W. 홈즈 대법관의 정신적 제자로 인정받고 있다.

32) 오경웅, 서돈각 옮김, 『정의의 원천』 (박영사, 1958).

33) 서중석, 『조봉암과 1950년대』(상)(하) (역사비평사, 1999) 참조.

34) 서중석, 『이승만의 정치 이데올로기』 (역사비평사, 2005) 참조.

35) 佐高信, 『戰後企業事件史』 (講談社, 1994), 19쪽 이하 참조.

36) 鄭大均, 『在日韓國人の終焉』 (文藝春秋社, 2001).

37) 西岡力, 『北朝鮮に取り込まれる韓國』 (PHP硏究所, 2004).

38) 河信基, 『朴正熙』 (光人社, 2004).

39) 川端博 監修, 『拷問の歷史』 (河出書房新社, 2001), 201쪽.

40) 신경득, 『조선 종군 실화로 본 민간인 학살』 (살림터, 2002).

41) 萩野富士夫, 『思想檢事』 (岩波書店, 2000), 188쪽 이하 참조.

42) Ted Morgan, *Reds : McCarthyism in Twentieth-Century America* (Random House, 2003).

43) 김기진, 『끝나지 않은 전쟁 국민보도연맹』 (역사비평사, 2002) 참조.

44) 강준만, 『희생양과 죄의식—대한민국 반공의 역사』 (개마고원, 2004).

45) 월간 『世界』 편집부 편, 황인 옮김, 『다큐멘터리 1—제5공화국』 (중원문화사, 1993), 9쪽.

46) 나는 『사상계』 1969년 1월호와 10월호에 각각 「영구 집권의 망령들」과 「영구 집권의

기술―독재자 도루이요의 예」를 발표한 적이 있다.

47) Anthony Lewis, *Written into History : Pulitzer Prize Reporting of the Twentieth Century from The New York Times* (Times Books, 2001) 참조.

48) 한상범, 『전두환 체제의 나팔수들』(패스앤패스, 2004).

49) 이 글은 2005년 2월 2일 국가인권위원회 월례조회 초청 강연 내용을 옮긴 것이다.

50) 베링턴 무어, 진덕규 옮김, 『독재와 민주주의의 사회적 기원』(까치, 1985).

51) '친일반민족행위자 재산의 환수에 관한 특별법'이 2005년 12월 8일 국회에 통과되었다.

52) 의문사진상규명위원회 제1기 보고서 참조.

53) 사회보호법은 2005년 8월 4일 폐지되었다.

54) 한상범, 「거짓말 정치와 후보의 공약등록제」, 월간 『오늘의 법률』 1997년 10월호, 현암사.

55) 야마모토 유지, 김용찬 옮김, 『일본 최고재판소 이야기』(법률문화원, 2005).

56) 한국법학교수회 편, 『한국 판례 형성의 제문제』(동국대학교 출판부, 1989).

57) 루돌프 폰 예링, 심윤종 옮김, 『권리를 위한 투쟁』(범우사, 2002).

58) William Blum, *Rogue State* (Common Courage Press, 2000), p. 49.

■ 이 책에 실린 글들의 출전

1부 한국의 친일파는 무엇으로 사는가?

1. 친일파들의 일제 한국 지배 축복론 — 한승조의 친일 망언에 대하여 / 『데일리 서프라이즈』 2005년 3월 7일.

2. 일본 극우를 대변하는 '신판 친일파' 들 / 『오마이뉴스』 2005년 3월 14일.

3. 한국 친일파의 정신 구조와 계보를 해부한다 / 『데일리 서프라이즈』 2005년 3월 17일.

4. 미·일의 한국정책 역사와 우리의 입장 / 『데일리 서프라이즈』 2005년 3월 25일.

5. 되풀이되는 역사, 되풀이되어선 안 되는 역사 / 『데일리 서프라이즈』 2005년 4월 6일.

6. 전쟁국가로 가는 일본, 놀아나는 한국 수구 / 『참말로』 2005년 9월 20일.

2부 끝나지 않은 친일과 독재의 시대

1. 개혁이 필요한 서민이 개혁의 주체가 되자 / 『데일리 서프라이즈』 2005년 4월 16일.

2. 정보 공작, 청산해야 할 독재의 잔재 / 『데일리 서프라이즈』 2005년 4월 26일.

3. 일본 극우와 한국 친일파, 그들의 공생관계 / 『데일리 서프라이즈』 2005년 5월 4일.

4. 야스쿠니 참배가 왜 죄악인가? / 『데일리 서프라이즈』 2005년 5월 11일.

5. 친일 군사독재의 정치 세뇌가 남긴 잔재 / 『데일리 서프라이즈』 2005년 5월 16일.

6. 무법천지 친일과 세상은 이랬다 / 『데일리 서프라이즈』 2005년 5월 24일.

7. 매카시스트의 생트집과 억지 / 『데일리 서프라이즈』 2005년 6월 7일.

3부 박정희 찬양을 멈추어라

1. 역사를 위조하는 반역자의 후손들 / 『참말로』 2005년 4월 26일.

2. 개혁을 방해하는 전략과 전술들 / 『참말로』 2005년 5월 3일.

3. 뿌리 뽑아야 할 고문의 악습 / 『참말로』 2005년 5월 10일.

4. 매카시즘의 역사와 한국의 개혁 / 『참말로』 2005년 5월 17일.

5. 박정희 찬양을 멈추어라! / 『참말로』 2005년 5월 25일.

6. 정의가 유린되지 않는 사법제도를 / 『참말로』 2005년 6월 1일.

7. 전두환은 박정희의 정통 계승자 / 『오마이뉴스』 2005년 6월 3일.

4부 싸움은 끝나지 않았다

1. 법의 세계와 민중의 세계 ― 전쟁과 독재의 시련 속을 살아온 법학자의 소견과 전망 / 국가인권위원회 월례조회 초청 강연, 2005년 2월 2일.

2. 일제 잔재가 독재 권력에 이어져 온 한국사회의 모순 구조 ― 과거청산의 문제와 과제 / 민주화운동기념사업회, 『대학 언론인 민주주의 배움터』, 2005년 5월 3일.

3. 과거청산의 의의와 우리의 자세 / 『참말로』 2005년 5월 14일(광주대학 총학 주최, 김준배열사정신계승사업회 주관, 자료집 2005년 5월 2일).

닫는 글 ― 우리에게 남겨진 과거청산과 민족 자주의 숙제들 / 『참말로』 2005년 12월 19일.

부록 ― 정계와 법조계의 과거청산 / 『과거청산운동 백서』, 과거청산범국민위, 2005년.